褚遂良评传

中国历代书法家评传

何炳武 著

陕西新华出版
太白文艺出版社·西安

图书在版编目（CIP）数据

褚遂良评传 / 何炳武著. -- 西安：太白文艺出版社，2018.6（2023.6重印）
（中国历代书法家评传 / 何炳武主编）
ISBN 978-7-5513-1263-9

Ⅰ. ①褚… Ⅱ. ①何… Ⅲ. ①褚遂良（596-658）—评传 Ⅳ. ①K825.72

中国版本图书馆CIP数据核字(2017)第185203号

褚遂良评传
CHU SUILIANG PINGZHUAN

作　　者	何炳武
责任编辑	刘　涛
封面设计	可　峰
出版发行	太白文艺出版社
经　　销	新华书店
印　　刷	三河市同力彩印有限公司
开　　本	787mm×1092mm 1/16
字　　数	166千字
印　　张	13
版　　次	2018年6月第1版
印　　次	2023年6月第3次印刷
书　　号	ISBN 978-7-5513-1263-9
定　　价	42.00元

版权所有　翻印必究
如有印装质量问题，可寄出版社印制部调换
联系电话：029-81206800
出版社地址：西安市曲江新区登高路1388号（邮编：710061）
营销中心电话：029-87277748　029-87217872

序

陕西省书法家协会名誉主席　雷珍民

　　陕西古为雍、梁之地,又称三秦大地,纵贯南北,连通东西,位于中国地理版图的中心区域。在整个周秦汉唐时期,关中地区都是古代中国政治、经济、文化的中心。数千年来,悠久的历史、厚重的文化,为陕西书法的不断发展繁盛、经久不衰提供了充足的营养。

　　在三秦文化肥沃的土壤之上,历代书法名家辈出,传世的精品碑帖不计其数。商周时期的青铜器铭文、先秦时期的石鼓文、西安碑林所藏的秦李斯《峄山碑》、汉熹平石经《周易》残石、《曹全碑》《大唐三藏圣教序碑》《道因法师碑》《颜勤礼碑》《颜家庙碑》《多宝塔感应碑》《玄秘塔碑》等皆堪称书坛瑰宝。众多作品中仍以隋唐时期为盛。隋代的智永,初唐时期的欧阳询、虞世南、褚遂良、薛稷,中晚唐时期的颜真卿、柳公权都是绝贯古今、声名显赫的书法大家。陕西因此而享有"书法的故乡"之美誉,声闻海内外。

　　改革开放之后,随着社会经济文化的不断发展,中国传统文化逐渐复兴,书法作为中国传统文化中最有特色的一门艺术也获得了长足的发展。一方面,在传统文化全面复兴的大潮下,书法有了更广泛的群众基础。由于书法在塑造完美人格、培养高尚优雅审美情趣等方面有着不可替代的作用,也越来越受到社会各界的认可。业余书法爱好者的数量迅速增加,书法艺术群众化、民间化的趋势日益明显。另一方面,从事书法研究的专业队伍不断壮大。整个陕西书法界呈现出百花齐放、百家争鸣的良好态势。陕西的书法家们通过作品展览、专题讲座、理论研讨等多种形式积极弘扬传统书法艺术，推动陕西书法事业的不断发展。书法研究者能够潜心钻研书法，发表论文，出版专著，举办展览，开坛讲学，在理论、实践等方面都取得显著成绩的同时，也将陕西书法的声誉和影响拓展到三秦大地之外更为广阔的领域中去。

近年来，专业人员积极投身书法理论研究，将书法的专业研究与群众普及结合起来，扩大陕西书法群众基础，推动陕西书法进入了新阶段。为了更好地传承祖国的书法艺术，陕西省社科院中国书画研究中心何炳武主任主编了《陕西书法史》。这套书出版后引起了较大的社会反响，对深入认识陕西书法、普及书法发挥了重要的作用。

现在，陕西省社会科学院中国书画研究中心又撰写了"中国历代书法家评传"丛书。他们选择中国书法史上最具代表性的书法大家作为研究对象，通过多种渠道搜集相关文献资料，进行深入的个案研究。其研究视角不仅仅关注书法家书法风格形成的历史背景及时代风貌，更注重其书法思想、理论的研究，关注书法家对前代的继承、创新和对后世的影响，将书法家的人生经历、时代背景与其书法创作紧密联系起来。这样的研究方法突破了传统研究中书家与书作相分离的局限，也为书法研究开辟了一条崭新的道路。

"没有高度的文化自信，就没有中华民族的伟大复兴。"十九大以来，随着中华民族伟大复兴进程的加快，更好地传承中国优秀传统文化，深入挖掘中华优秀传统文化的内蕴，是摆在我们面前最重要的任务，也是每一个学人在新时代下的责任。我认为，这套丛书的陆续出版，对于推动陕西书法事业的发展和弘扬祖国优秀的传统文化都具有重要的意义。

是为序。

2017年10月16日

目录

第一章　名门出身　名师指点 ………………………………………（1）

第二章　武则天立后之前的政治生涯 …………………………………（10）

第三章　武则天立后之后的政治生涯 …………………………………（28）

第四章　《伊阙佛龛碑》赏析 …………………………………………（35）

第五章　《孟法师碑》赏析 ……………………………………………（46）

第六章　学习和研究王羲之 ……………………………………………（53）

第七章　《房玄龄碑》赏析 ……………………………………………（66）

第八章　《雁塔圣教序》赏析 …………………………………………（74）

第九章　《倪宽赞》和《大字阴符经》赏析 …………………………（91）

第十章　后世影响 ………………………………………………………（106）

第十一章　相关作品考释和欣赏 …………………………………………（121）
附　录 ……………………………………………………………………（142）
主要参考文献 ……………………………………………………………（201）

第一章 名门出身 名师指点

一、名门出身

褚遂良出身于名门贵族，书香世家。其先祖世居阳翟（今河南禹州市），自十二世祖晋安东将军扬州都督褚砻随晋元帝渡江，始迁居丹阳（今安徽当涂县）。其后一支移居杭州钱塘（今浙江杭州），遂为东南著姓，所以史称杭州钱塘人。但唐代文士大都沿袭六朝旧习，每以郡望称之曰"阳翟褚氏"。褚遂良的高祖褚湮为梁御史中丞，曾祖褚蒙为太子中舍人，祖褚玠为陈时秘书监，"并著名前史"。在讲究门阀的南朝，褚姓门第虽不及王、谢，但也是颇有影响的名门。

褚遂良的父亲褚亮（560—647），字希明，是当时一位非常著名的人物。史载，褚亮自幼聪明灵敏，好学善属文。博览无所不至，经目必记于心。喜游名贤，尤善谈论。褚亮十八岁那年，拜访陈朝仆射徐陵，与之商榷文章，徐陵深为惊异。陈后主闻而召见，让褚亮赋诗，当时在座的许多诗词名家莫不推善。褚亮弱冠入仕，初任职太子春坊，即在太子所属机关任职；后升任中央首脑机关的尚书殿中侍郎。入隋后与虞世南同时以文学受知于晋王杨广，为东宫学士，与虞世南、欧阳询等人为好朋友。隋文帝开皇十六年（596），褚遂良生于长安，为褚亮第二子，当时他的父亲褚亮正任散骑常侍一职。大业七年（611），褚亮任太常博士，与欧阳询共掌隋王朝的礼仪制度。

褚亮像

褚遂良从小就与这些政治上的风云人物接触，父亲的影响以及家世的遗传，对政治的感悟和敏锐力极强。隋末农民起义爆发后，统治者对起义军进行了残酷镇压，而统治者的残酷镇压激起了更大程度的反抗。随着隋炀帝第一次发动对高句丽的战争，农民起义进一步发展起来。在这种情况下，统治集团内部也出现了新的变动。隋炀帝大业九年（613），年仅十八岁的褚遂良第一次深刻地体会到什么是政治，也注定了他一生政治上波澜起伏的命运。该年六月，隋上层统治集团的杨玄感于黎阳起兵，隋朝的达官子弟纷纷参加，隋炀帝听到这个消息，惊惶万状。八月，宇文述等破杨玄感于阌乡，并将其斩首，很快把杨玄感所部镇压了下去。为了压惊，隋炀帝决定改置宗庙，当时褚亮上奏反对，结果未能实行。隋炀帝震怒，并说他与杨玄感有旧交，所以褚亮被贬为西海郡（今青海共和县）司户。遂良、遂贤二兄弟也随其父踏上了西行之路。

隋末战乱四起，强大的唐王李渊的军队战胜了一切对手，在六一八年建立了唐王朝。唐朝建立之后，最初对唐发动军事挑战的是薛举，薛举在兰州称帝。薛举久慕褚亮之名，任命褚亮为黄门侍郎，委以机务大任。因而，褚遂良随父进入薛举的官属，做了薛举的通事舍人，掌管诏命及呈奏案章。薛举占据了甘肃的大部分地区，企图夺取京城长安。但他从西北向长安推进时却突然病死，他的儿子薛仁杲继承了他的事业。六一八年十一月，李世民包围了薛仁杲驻扎在泾州的营寨。薛仁杲的部下纷纷投降唐军，他也不得不投降。随后，薛仁杲被押往长安处决，而他手下的人则被收服在李世民的麾下，成为唐王朝的臣民。唐太宗久闻褚亮大名，深加礼遇，唐太宗说："寡人受命而来，嘉于得贤。公久事无道君，得无劳乎？"褚亮从容自陈，不以降臣屈节自辱。他回答说："举不知天命，抗王师，今十万众兵加其颈，大王释不诛，岂独亮蒙更生邪！"唐太宗听后大为高兴，赐锦物二百段，马四匹，令从迁京师，授以六品王府文学。那时，唐高祖李渊认为寇乱已经渐渐平息了，所以，每年冬天畋狩。褚亮对此上疏劝谏，提出了批评意见，唐高祖认为他说得对，高兴地采纳了他的意见。

六二一年，李世民因战功显赫而名声大震，唐高祖命他掌握东部平原文、武两方面的大权，并且允许他在洛阳开府——天策府。雄心勃勃的李世民随后组成了一个大约五十人的随从集团，其中许多人来自于被他消灭的敌人营垒中的杰出人物。李世民对经史典籍十分重视，同年成立了自己的文学馆，以吸引各地名士。其中有杜如晦、房玄龄、于志宁、苏世长、薛收、褚亮、姚思廉、陆德明、孔颖达、李玄道、李守素、虞世南、蔡允恭、颜相时、许敬宗、薛元敬、盖文达、苏勖十八名学士在做他的国事顾问。褚遂良的父亲褚亮便是其中的一员，以文学著称。这些学士"凡分三番递宿于阁下，悉给珍膳。每暇日，访以政事，讨论坟籍，榷略前载，无常礼之间"，成为李世民智囊集团中人。武德七年（624），薛收卒，刘孝孙补之。后来，唐太宗命著名画家阎立本为十八学士画像，题其名字、爵里，命褚亮为他们作像赞，号《十八学士写真图》，藏之书府，以彰礼贤之重。十八学士受到了前所未有的礼遇，以至于人们把能够进入文学馆，称为"登瀛洲"。后世史家赞曰："文皇荡涤，刷清天昊。十八文星，连辉炳耀。虞、褚之笔，动若有神。安平之什，老而弥新。"

文学馆的学士有的擅长经义，有的专工治国之道，有的以博学善文为长，有的则以忠义著称。由此可见，唐太宗李世民开馆纳士，心胸宽广，馆中的每一位学士都有一定的特长和地位。褚亮加入文学馆，其思想和活动直接影响着青年褚遂良以后的政治实践、思想学问和书法艺术的发展。

在这样的环境中，褚遂良的学识与日俱增。尤其

褚遂良像

是书艺,在欧阳询与虞世南的指导下,更是出类拔萃,尽管他的年龄比他们要小一辈。他在初唐的书名不仅不比他们差,而且还具备了欧、虞二人所不具备的政治地位与社会名望。这更使他的书法艺术有如猛虎添翼。

史称太宗每有征伐,褚亮常随前往;每当军中设宴,常与太宗欢聚,相互交谈,十分融洽,并多所裨益。据《旧唐书》卷八〇《褚遂良传》(以下引作《旧唐书》本传,引《新唐书》卷一〇五《褚遂良传》,亦作《新唐书》本传)记载,唐太宗出征辽东时,诏褚亮说:"昔年师旅卿未尝不在中,今朕薄伐,君已老。俯仰岁月,且三十载,眷言及此,我劳如何!今以遂良行,想君不惜一子于朕耳。故遣陈离意,善居加食。"褚亮深表感恩。这说明唐太宗始终把褚亮父子是连在一起看待的,褚遂良在其父政治关系的影响下,始终得到唐太宗以及父友魏徵、虞世南、长孙无忌等元老重臣的眷顾。

太宗入居春宫,褚亮除太子舍人,迁太子中允。贞观元年(627),为弘文馆学士。贞观九年(635),晋授员外直散骑常侍,封褚亮为阳翟县男,拜通直散骑常侍,学士如故,成为备顾问应对的开国资深元老。贞观十六年(642),晋爵三品县侯,食邑七百户,而后致仕。晚年重病期间,唐太宗派遣御医进行救治,中间问候不断,至贞观二十一年(647)十月卒于长安平康坊私第,享年八十八岁。"太宗甚悼惜之,不视朝一日",赠太常卿,谥曰"康",以贞观功臣陪葬昭陵。

二、名师指点

从书法史上讲,隋代虽立朝很短,但书法上承北朝碑刻,下启唐楷诸家,为唐代楷书法式的建立奠定了基础。褚遂良志学之年,当时留心翰墨者,都是齐周余烈。天下一统,南北书家云集京都,周旋交流,互为影响,虽然铭石之书,多袭齐周遗绪,尤其楷书,无论平画宽结或斜画

欧阳询《九成宫醴泉铭》(局部)

紧结，几乎全从北朝而出；而稿行之体，又意在轻捷，南朝士人莫不善加保守，但至大业年间已趋平和，敛入规矩，融为杨隋之品，其间尤以欧阳询最具代表性。他博涉多体，综合运用，既融大令之展蹙，又参刘珉之瘦挺，最后能悟化索靖之峻险，能传六朝精华，启三唐奇峻，名高一代。隋朝时为太常卿，与褚遂良的父亲褚亮并官太常礼院。

褚亮颇具文采，入隋时为东宫学士，太常博士。受父亲影响，褚遂良从小就博涉文史，工于书法，可谓家学渊源深厚。除受家学的影响，他自幼从史陵学书。稍长便受其父的朋友欧阳询和虞世南两位名师的指点。隋炀帝大业二年（606），褚亮与欧阳询奉诏与其他大臣一起编撰《魏书》，他们私下很要好，交往甚密，亦常一起探讨书法。当时欧阳询看到年少的褚遂良博涉文史，尤工隶书，就非常赏识、器重他。大业七年（611）褚亮任太常卿时，褚遂良已经十六岁了，正值志学之年，参其早年楷书多具隶笔，与欧阳询同调，并出自章草法。由此可知，褚遂良早期的隶书多受欧阳询影响。

欧阳询（557—641），字信本，潭州临湘（今湖南长沙）人，隋时官太常博士，唐时封为太子率更令，世称欧阳率更。他是由陈、隋入唐的书家，初学王羲之，后渐变其体。张怀瓘《书断》中说："询八体尽能，笔力劲险，篆体尤精，飞白冠绝，犹龙蛇战斗之象，云雾轻笼之势，风旋雷激,操举若神。"欧阳询楷书法度之严谨、笔力之险劲,世无所匹,被称为唐人楷书第一。他创造了楷书用笔和结体十分严密的程式,成为后学的楷模。

虞世南(558—638),字伯施,越州余姚人(今属浙江)。初为隋炀帝近臣。入唐后,为弘文馆学士,官至秘书监,封永兴县子,世称"虞永兴"。虞世南身体文弱,沉静寡欲,精思读书,尤善书法,与王羲之七世孙智永和尚友善。智永精王羲之书法,虞世南在智永的精心传授下,妙得其体,浑圆融通,外柔内刚,继承了"二王"书法的传统,论者以为虞书如裙带飘扬,而束力矩步,有不可犯之色。虞世南志性刚烈,当政得失,直言敢谏,深得唐太宗器重。唐太宗非常喜欢虞世南书法,并经常临写。唐太宗称赞他,"世南一人,而兼五绝:一曰博学,二曰德行,三曰书翰,四曰辞藻,五曰忠直。"人如果有他的一种特长,就可以称得上名臣,而世南五种美德兼备。虞世南对行书和草书特别擅长,本来他就向智永和尚学过书法,到了晚年,他的字体更加刚健飘逸。他的隶书、草书、行书都入妙品。

欧阳询长褚遂良三十九岁,虞世南长褚遂良三十八岁,三人交往始于武德四年(621)四月。欧阳询、虞世南并入唐留任秦王府参军之后,当时褚遂良二十六岁,为秦王府铠曹参军。欧、虞两位大师与褚遂良同朝为官,并在太宗身边先后二十年和十七年。三人共同喜爱书法,想必一定有书法上的交流和切磋。加之虞世南敢言直谏的性格与褚遂良相似,所以,无论在政治上,还是在书法艺术上,褚遂良后期受虞世南影响更大一些。

褚遂良与虞世南有过一次对话。褚遂良问虞世南:"我的书法和智永禅师比怎么样?"虞世南回答说:"我听说他的一个字值五万钱,你的字难道也值这么多吗?"褚遂良又问:"和欧阳询相比,我的字怎么样?"虞世南说:"听说欧阳询写字不挑剔纸和笔,无论用什么样的纸和笔都能写出满意的字来,你能够这样吗?"褚遂良说:"既然如此,我还下这么大功夫学它干吗?"虞世南说:"假如你拿到合适的纸笔,又遇到合心意的人,写出的字也是相当不错的。"褚遂良听了大喜,高兴地走了(《新唐书》卷一九八《欧阳询传》)。这话可能一直在激励着褚遂良。事实上,这段话可能是有问题的,欧阳询长褚遂良近四十岁,与其父褚亮为朋友,欧阳询很器重褚遂良。以常理而论,褚遂良也不会在虞世南面前那样愚妄。但他与虞世南的对话,说明了以下几个方面的问题:第一,褚遂良当时书法追求是有远大目标的,他的目标一个是智永,一个是欧阳询。而且褚遂良之所以提出与智永、欧阳询比,说明当时他的书法水平已经达到了相当的程度,否则他也不敢在自己的老师面前提出这样的问题,因为他本身不是一个轻狂的人。第二,褚遂良在老师虞世南那里受到了批评,也得到了肯定和鼓励,因此"他高兴地走了",为他下一步的学习和提高坚定了信心。特别是虞世南指出他"拿到合适的笔,又遇到合心意的人,写出的字也是相当不错的"的话,使他明白了书法艺术最关键的两点,一是情感——合心意,二是条件——纸和笔。他高兴地走了,是因为他从根本上明白了书法是什么。这两点或许正是他后来创造出寓情于法度之中的唐楷艺术高峰的奠基石。第三,可知褚遂良所用的笔和纸是非常讲究的。《旧唐书》卷八四《裴行俭传》称,行俭尝谓人曰:"褚遂良非精良佳墨,未尝辄书。不择笔墨而妍捷者,惟余及虞世南耳。"褚遂良对纸笔之讲究,我们从其晚年书碑上也可得到证实。褚遂良所用的笔是制作精良而笔毛较长的硬毫。如果用长锋羊毫之类的笔来临写褚书,即使手艺很高,也难以达到原作的风神。第四,说明褚遂良与虞世南真挚的师徒关系和真诚亲密的情感。在古代,书法的传承是一件十分神秘的事情。褚遂良的天分、为人和努力,使虞世南看到了他的发展前途,看到了自己教授他的价值和意义。因此，虞世南才可能把书法艺术中最核心的问题巧妙地提出来，使褚遂良得以领悟。褚遂良从史陵那里学到了什么，我们尚难以说清楚，但褚遂良从虞世南处，学到了为人，学到了技艺，更学到了书法艺术的真髓。

李嗣真的《书后品》曾记，褚遂良与唐太宗及汉王李元昌"皆受之于史陵"。史陵之书，今虽不可见，然唐、宋人所评，当类似欧、虞隋朝时的风格。褚遂良书法疏瘦劲练处，或即出自史陵。李嗣真所记褚遂良先师虞监，然后学史，因唐太宗同学之，乃嘱史氏"此法更不可教人"云者，意以为盖有所本，其先后之说，乃李氏囿于声名地位而有所倒置。褚遂良早年作品有行书《枯树赋》、楷书《伊阙佛龛》《孟法师碑》，这些作品基本反映和证明了褚遂良中年之前的学书脉络和个人追求，以及个人天赋和智慧。

褚遂良的书法，《书断》称："少则服膺虞监，长则祖述右军。"虞世南虽为褚亮好友，隋时曾与褚亮并官东宫学士，唯其书名未隆，褚遂良年且尚幼。以褚遂良贞观十五、十六年所书《伊阙佛龛碑》《孟法师碑》，其古雅峻严处异于虞书，加上平画宽结的特点相推测，褚遂良志学之年，当时留心翰墨者，都是齐周余烈。所谓"服膺虞监"者，或许始于贞观初年，因为贞观元年（627），虞世南和欧阳询奉皇帝之命入弘文馆教示楷法，虞世南既"教示楷法"，又辅助和接替魏徵负责四部图书的缮写工作，他的书风对于楷书书写必有相当大的影响。褚遂良时为弘文馆主，作为分判课写工程的秘书郎，其书法亦必受当时楷书书风的影响。《唐会要》卷三五记载，贞观六年（632）的正月初八，太宗下令整理内府所藏的钟繇、王羲之等人真迹，计一千五百一十卷。褚遂良参与了这次整理活动，众多的王羲之真迹，使他大开眼界。而褚遂良书法艺术真正"祖述右军"，则在贞观十三年（639）以起居郎"监掌装背"，即负责经籍装帧审查工作之后，并著有《晋右军王羲之书目》。但体会王羲之书法艺术是一个十分漫长和艰难的过程，其后两三年所书的《三龛记》《孟法师碑》尚难以看到王书遗迹。所以，严格地说，褚遂良书学的学术渊源，即学习书法的过程应该分为三个阶段：少学欧阳询，长则服膺虞世南，最后祖述王羲之，其间还学过史陵，最后终于形成了自己的独特风格，突出体现于其代表作《雁塔圣教序》之中。

第二章　武则天立后之前的政治生涯

褚遂良作为贞观、永徽之名臣，其一生的政治生涯以武则天立后为转折点，可分为两个阶段。前一阶段虽然有升有贬，但总体上是相当顺利的；后一阶段，虽然只有三年时间，但可以说是其一生政治上最为黑暗的日子。

最初，褚遂良随父进入李唐王朝，开始了他的政治生涯。褚遂良是在秦王李世民那里做秦王府铠曹参军。褚遂良入唐，《旧唐书》本传记其初任"秦州都督府铠曹参军"。唐制，州府无铠曹之职，其乃东宫属官，武德初年唯秦王、齐王两府制同东宫，褚遂良既在铠曹，则必为秦王府属。《新唐书》为"秦王府铠曹参军"，可见，"秦州都督府"乃"秦王府"之误。秦王府铠曹参军，这是一个比较重要的掌管军务的位置，掌管器械，公廨营缮。这也可以看出，李世民对褚遂良怀有好感。后来李世民曾对长孙无忌说过这样的话："褚遂良学问稍长，性亦坚正，既写忠诚，甚亲附于朕，若飞鸟依人，自加怜爱。"

高祖武德九年（626）六月，李世民发动了"玄武门之变"，随后被立为太子。八月，李世民登上了皇位，次年改年号为"贞观"。从此以后，开始了驰名于世的"贞观之治"。唐太宗即位后，居安思危、任用贤良、虚怀纳谏，实行轻徭薄赋，疏缓刑罚的政策，并进行了一系列的政治、经济改革，终于促成了社会安定、生产发展的升平景象。太宗在位期间，除了政治、军事方面有卓越成就外，在社会、文教方面也有新的举措。为了提供优良的教育环境，太宗建立了以国子监为首的京师太学，可以容纳两千名学生学习。又设弘文馆，专供皇族及高级官员子弟入读，一时文教大盛。虞世南和欧阳询一起以本官兼弘文馆学士。据《唐会要》卷六四"史馆下"的记载，弘文馆的日常事务，就是由褚遂良来管理的，当时人们把他称作"馆主"。像这种尊称，在他以前是没有的，在他死后，也为数极少。

太宗大力倡导文教的同时，又注重编修书籍和史书，他命令搜求民间已故学者的遗书。隋末，洛阳的隋代藏书在运往长安途中落入黄河，剩余的只有一万四千部。但到太宗成立弘文馆，于宏文殿聚群书二十余万卷。他精选天下贤良文学之士，讲论经义，商量政事，经常至深夜才结束。褚遂良贞观初年以贵胄子弟出任秘书省秘书郎，在魏徵、虞世南掌领下，执掌省内经史子集等经籍图书，分别贮藏由楷书手缮写的天下之书。

贞观元年（627），虞世南和欧阳询奉皇帝之命入弘文馆教示楷法，时有二十四人入馆学书。褚遂良时为馆主，安排并陪同弘文馆学士轮番进内殿与唐太宗讲论经史，商讨政事。又在魏徵的监修下，随同虞世南、萧德言等诸名儒一起采集经史百家中的嘉言善行，以及明王暗君的事迹，编为五十卷，号《群书理要》，为唐太宗能明鉴前代得失提供了重要的治国参考。

贞观四年（630）九月底，褚遂良随驾幸陇州，其经扶风旧战场，褚遂良不禁想起当年太宗在此大败薛举情景，唐太宗命褚遂良作诗以纪念，褚遂良遂作《奉和行经破薛举战地应诏》，其曰：

王功先美化，帝略蕴戎昭。
鱼骊入丹浦，龙战起鸣条。
长剑星光落，高旗月影摇。
昔往摧勍寇，今巡奏短箫。
旌门丽霜景，帐殿含秋飙。
□池冰未结，宫渡柳初凋。

边烽夕雾卷，关阵晓云销。
鸿名兼辙迹，至圣俯唐尧。
睿藻烟霞焕，天声宫羽调。
平分共饮德，率士更闻韶。

此诗首先描写了当年唐太宗率领大军与薛举激战的壮观场面，那"长剑星光落，高旗月影摇"的战斗场面历历在目，那"帐殿含秋飙""边烽夕雾卷"的秋瑟和烽火，是那样的悲壮和震撼。其次，此诗描写了秦王乃正义之师，能够"共饮德""更闻韶"，大唐一统是历史的必然，表达了正义之师必然胜利的客观规律，同时也表达了褚遂良随父颠沛流离，暂栖于薛举幕下，到跟随太宗，遇到明主，得其重用，从而能施展自己的才能和抱负的情怀。唐太宗让褚遂良写此诗应该说是有用意的，从中可以分析褚遂良对往昔的情感和态度。

这年末，唐太宗下诏将隋末战乱时期的战场改修庙宇，一是超度战争中的亡灵，二是纪念战争的胜利，刻石立碑以铭记功业，并颁布了负责人的名单。名单中除了虞世南、李百药、颜师古、岑文本、许敬宗、朱子奢以外，还有年仅三十四岁的褚遂良。在唐太宗大败宋金刚的晋州建慈云寺，寺碑即由褚遂良书写。可惜此碑现在已经看不到了。《唐会要》卷四八"寺"："贞观三年十二月一日诏……仍命虞世南、李百药、褚遂良、颜师古、岑文本、许敬宗、朱子奢等为碑记，铭功业。……破宋金刚于晋州，立慈云寺，起居郎褚遂良为碑铭。"此说有误，因为此时褚遂良是秘书郎，还没有任起居郎。

贞观十年（636），褚遂良出任起居郎一职，专门记载皇帝的一言一行。贞观十五年（641），迁谏议大夫，兼知起居事。《剑桥中国隋唐史》在提到唐太宗时，曾这样写道："太宗的许多公开的举止，与其说是似出自本心，倒不如说是想得到朝官——尤其是起居注官——赞许的愿望。"从这个角度上来说，褚遂良的职位是极重要的，至少，他在某种意义上督促了皇帝在有所作为时，应该考虑到会留给人们一个什么印象。史载，有一次李世民问褚遂良："你记的那些东西，皇帝本人可以看吗？"褚遂良回答说："今天所设立起居之职，就是古时的左右史官，善恶必记，以使皇帝不犯过错。我是没有听过做皇帝的自己要看这些东西。"李世民又问："如果我有不好的地方，你一定要记下来吗？"褚遂良回答说："我的职务就是这样的，所以您的一举一动，都是要写下来的。"旁边的另一位大臣刘洎说："即使褚遂良不记，天下之人亦会记之。"唐太宗说："我的行事主要有三个方面：一是监前代成败，以为元龟；二是近善人，共成政道；三是斥远小人，不受谗言。我相信自己能坚持这三个原则，也希望史家不要记载我的过错。"从中可见唐太宗早年英明的一面，以及褚遂良一生的忠贞、耿直和尽责，是典型的刚正不阿的文人。没有唐太宗的英明和博大胸怀，褚遂良的忠贞和耿直就难以持久维持。

贞观十七年（643），太宗问褚遂良说："舜帝制造了漆器，禹帝雕饰俎器，当时谏诤舜、禹的有十多人。食器之类的事情，为什么要如此苦谏呢？"褚遂良回答说："雕琢妨害了农事，过分的彩绣耽误了女工。带头奢侈浪费，是危险灭亡的开始。喜好漆器不断，发展下去一定会用金子来做器具；喜好金器不断，发展下去一定会用玉来做器具。因此诤臣必须在刚开始露出奢侈的苗头时进谏，一旦奢侈成风，再进谏就难了。"太宗认为这话说得对。

贞观十二年（638），李世民视同师长的大书法家虞世南逝世，这使李世民感到特别地伤心。他曾叹息："虞世南死，无与论书者！"魏徵适时地将褚遂良推荐给了李世民，他说："褚遂良下笔遒劲，甚得王逸少体。"太宗即刻命褚遂良为"侍书"。是时褚遂良尚未博览王书，其所谓"甚得逸少体者，当近虞书"。魏徵所谓下笔遒劲，并非王

李世民《晋祠铭》（局部）

书。唐太宗宣称学习王羲之，米芾云："太宗力学右军不能至，复学虞书。"唐太宗学王羲之不能至者，非其功用不够，实乃时代相隔，精神追求差异太大之缘故。且君臣唱和，互为陶染，形势使然。不独唐太宗这样，杨师道、上官仪辈亦然。唐太宗存世的《晋祠铭》书酷似虞书。所以，魏徵心目中之王字，即是虞书。太宗召褚遂良为侍书，或以为其为虞监传人，右军嫡系，可以相继而论书，诚如阮元所说，魏徵推荐褚遂良，"此乃徵知遂良忠直，可任大事，荐其人，非荐其书"（见《揅经室三集》）。确实体会到了魏徵这位杰出的政治家的心意。在中国人心目中，艺术上的再大成就，也没有政治上的人品重要。

　　褚遂良书法上所取得的成就，对其政治发展上的帮助是不容置疑的。李世民即皇帝位后，曾不遗余力地广泛收集王羲之的法帖，天下人争着献上领赏。如何鉴别真伪？褚遂良对王羲之的书法是最为熟悉的，他可以丝毫不爽地鉴别出王羲之书法的真伪，使得没有人再敢将赝品送来邀功。褚遂良的这一举动得到了李世民的极大欢心与信任，于是便将他提为谏议大夫，兼知起居注。太宗的赏识和信任开启了褚遂良的政治智慧，同时也推动了他书法的长进与成熟。李世民每有大事，几乎都要向褚遂良咨询。同时，褚遂良也确实具有政治家的远见卓识。

　　虞世南去世，太宗十分悲痛，哭得非常伤心。赐东园秘器，陪葬昭陵，赠礼部尚书，谥号"文懿"。这位经历了几个朝代的老臣，学贯古今，行笃终始，至孝忠直。太宗悲痛中撰诗一首，追述往古兴亡之道，既而叹曰："钟子期死，伯牙不复鼓琴，朕之此诗，将何以示？"然后令褚遂良到虞世南灵帐前诵读，读完即焚烧，以期虞世南在天之灵神识感悟。这件事对褚遂良来说，是一次精神上的莫大震撼，虞世南在政治上、书学上、人品上都给予褚遂良非常大的影响。从另一个方面说，虞世南的去世，又给褚遂良带来了新的机遇。

贞观十四年（640），唐太宗曾在上朝时询问一位名叫张玄素大臣的出身和历任官职情况。在问话过程中，皇帝带有戏弄的口吻。出身卑微的张玄素当着众人，感到十分惭愧和羞耻。时任谏议大夫的褚遂良说："我听说君子不失言于人，圣主不戏言于臣。言则史书之，礼成之，乐歌之。如果居上能礼其臣，那么臣下才能尽力以奉上。在近代，宋孝武轻言肆口，侮弄朝臣，攻其门户，乃至狼狈。史书有明确的记载，并且以为这是很不合适的行为。"褚遂良郑重地指出："大唐创立，任官以才，卜祝庸保，量能使用。您礼重玄素，频年任使，擢授三品，翼赞皇储，自不可更对群臣，穷其门户，弃昔日之殊恩，成一朝之愧耻。人君之御臣下也，礼义以导之，惠泽以驱之，使其负戴玄天，馨输臣节，犹恐德礼不加，人不自励？如果无故忽略，使其感到羞惭，郁结于怀，心灰意冷，而要求其伏节死义，那可能吗？"以上所言，对唐太宗简直成了教诲，一般人听后也会有所不快，但唐太宗对褚遂良太信任了，不但不怒，反而对褚遂良说："我也很后悔这样的问法，今天听到你这一番话，我感到你说得很对。"褚遂良得到了唐太宗的重用和赏识，事业上可谓春风得意。

作为一名有责任心和政治才干的大臣，褚遂良对西域的边防建设也有自己独特而深刻的见解，只是没有被唐太宗所采纳而已。早在贞观十四年（640），唐太宗派遣侯君集率军远袭依附西突厥的高昌，高昌王麹盛智被迫投降，唐以地置西州。据《旧唐书》本传记载，太宗既灭高昌，每岁调发千余人防遏其地，褚遂良上疏曰：

臣闻古者哲后，明王创业必先事华夏而后夷狄，务广德化，不事遐荒。是以周宣薄伐，至境而反；始皇远塞，中国分离。汉武负文、景之聚财，玩士马之余力，始通西域，初置校尉。军旅连出，将三十年。复得天马于宛城。采葡萄于安息。而海内虚竭，生人失所，所以租及六畜，算至舟车，因之凶年，盗贼并起，搜粟都尉桑弘羊复希主意，遣士卒远田轮台，筑城以威西域。武帝幡然追悔，情发于中，弃轮台之野，下哀痛之诏，以人神感悦，海内乃康。向使武帝复用弘羊之言，天下生灵皆尽之矣。是以光武中兴，不逾葱岭；孝章即位，都护来归。

陛下诛灭高昌，威加西域，收其鲸鲵，以为州县。然则王师初发之岁，河西供役之年，飞刍挽粟，十室九空，数郡萧然，五年不复。陛下岁遣千余人远事屯戍，终年离别，万里思归。去者资装，自须营办，既卖菽粟，倾其机杼。经途死亡，复在其外，兼遣罪人，增其边遏。彼罪人者，生于贩肆，终朝惰业，犯禁违公，止能扰于边城，实无益于行阵。所遣之内，复有逃亡，官司捕捉，为国生事。高昌途路，沙碛千里，冬风冰冽，夏风如焚，行人去来，遇之多死。《易》云："安不忘危，理不忘乱。"设令张掖尘飞，酒泉烽举，陛下岂能得高昌一人菽粟而及事乎？终须发陇右诸州，星驰电击。由斯而言，此河西者方于心腹，彼高昌者他人手足，岂得糜费中华，以事无用？《书》曰："不作无益害有益。"其此之谓乎？

陛下道映先天，威行无外，平颉利于沙塞，灭吐浑于西海。突厥余落，为立可汗；吐浑遗氓，更树君长。复立高昌，非无前例，此所谓有罪而诛之，既伏而立之。四海百蛮，谁不闻见，蠕动怀生，畏威慕德。宜择高昌可立者立之，微给首领，遣还本国，负戴洪恩，长为藩翰。中国不扰，既富且宁，传之子孙，以贻永世。

《旧唐书》在此疏后没有后话，《新唐书》是这样说的："帝既平高昌，岁调兵千人往屯，遂良诵诤不可，帝志取西域，寘其言不用。西突厥寇西州，帝曰：'往魏徵、褚遂良劝我立麹文泰子弟，不用其计，乃今悔之。'"后人有说唐太宗派侯君集征服了高昌，每年都派兵去占领，褚遂良认为这样不利，应该由高昌自立首领，作为唐朝的藩属，唐太宗也依从了他。这种说法恐有误。事实上，贞观十四年（640），侯君集征服高昌还朝，就将高昌王麹智盛带回长安，封左武卫将军、金城郡公，其家眷、国内贵族亦迁居中原，卒后陪葬昭陵。唐太宗在高昌事件中并未采纳褚遂良的建议。

当时，褚遂良和朝中的大臣也非常团结。他们经常在一起饮酒赋诗。贞观十五年（641）春夏之交，褚遂良与岑文本、刘洎、许敬宗、上官仪等，到驸马都尉杨师道的安德山庄宴会赋诗，当时褚遂良作了一首诗《安德山庄池宴集》：

伏枥丹霞外，遮园焕景舒。
行云泛层阜，蔽月下清渠。
亭中奏赵瑟，席上舞燕裾。
花落春莺晚，风光夏叶初。
良朋比兰蕙，雕藻迈琼琚。
独有狂歌客，来承欢宴余。

据《旧唐书》本传记载："贞观十五年（641），诏有事太（泰）山，先到了洛阳，有星孛于太微，犯郎位。"

褚遂良对唐太宗说:"您拨乱反正,功超前烈,将告成东岳,天下幸甚。先是行到洛阳,彗星辄见,这可能是不吉祥的征兆。就是汉武帝也是考虑了数年,才进行封禅的。臣请您细加考虑,三思而行。"太宗深以为然,下诏罢封禅之事。有后人对这件事却是这样说的:唐太宗晚年不免骄傲自喜,有些臣下也就竭力歌功颂德,有人还多次上表请他封泰山,太宗也下诏准备封禅。褚遂良对此极力劝阻,太宗终于采纳了褚遂良的意见。这种观点有点美化褚遂良之嫌,把唐太宗封禅看得太简单了。

随着政治才华的不断显露,政治阅历的不断磨炼,褚遂良参与国政、思考社会、观照人生、开阔视野,推动了其对书法之理解的不断深入,并逐步提高、成熟起来。贞观十五年(641),褚遂良书《三龛碑》,这是现存可靠的褚遂良最早的书法作品。第二年,书《孟法师碑》。从《孟法师碑》中,可以看出他在书法艺术上逐渐走向独立和成熟,努力探索自家的风格。

史载褚遂良"博涉文史",并非虚语。贞观十七年(643)五月二日,有雉(野鸡或称山鸡)飞集宫中,唐太宗问褚遂良:"是什么吉祥的征兆呢?"遂良回答说:"昔秦文公时,有童子化为雉,雌者鸣于陈仓,雄者鸣于南阳。童子曰:'得雄者王,得雌者霸。'文公遂以为宝鸡。后汉光武得雄,遂起南阳而有四海。陛下旧封秦地,此所以彰表明德也。"唐太宗高兴地说:"立身

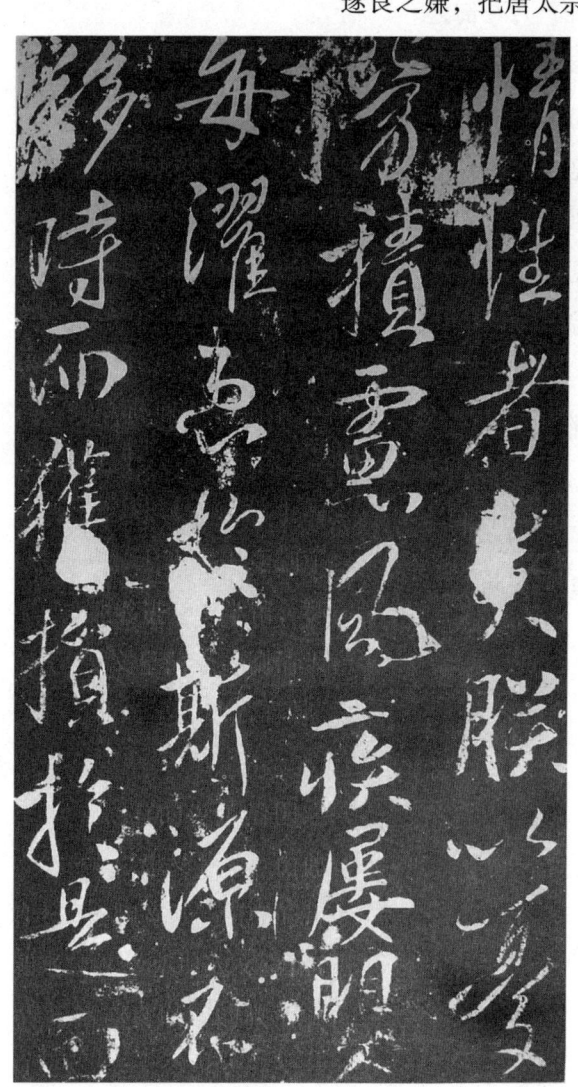

李世民《温泉铭》(局部)

之道，不可以无学，遂良博识，深可重也。"寻授太子宾客。这年，薛延陀向唐王朝请婚，开始唐太宗答应了，但后来又回绝了。褚遂良认为这样做是不合适的，他上疏反对，但唐太宗没有采纳褚遂良的意见。

皇子的成长与皇位的继承，历来是帝王们极为关注和焦虑的大事。贞观十七年（643），唐太宗放一些年幼的皇子出去任都督、刺史这样重要的地方长官。褚遂良认为皇子年幼，难以管理众臣、处理公务，不如先把年幼皇子留在京城教育培养，成年以后有了从政能力才能派出。唐太宗以为此议颇为深刻，便予以采纳。贞观二十年（646），唐太宗于寝殿侧别置一院，令太子居住，绝不令往东宫，褚遂良上疏表示不妥，唐太宗随即听从了褚遂良的建议。

当国力日趋强盛，唐太宗便打算进一步扩张领土与势力。贞观十八年（644）二月，唐太宗以高句丽莫离支弑主虐民为由，欲亲率六军攻打高句丽，并对众臣说："高句丽莫离支贼弑其王，虐用其人。夫出师吊伐，当乘机便，今因其弑虐，诛之甚易。"褚遂良表示反对，他说："陛下您兵机神算，人莫能知。昔隋末乱离，手平寇乱。及北狄侵边，西蕃失礼，陛下欲命将击之，群臣莫不苦谏，陛下独断进讨，卒并诛夷。海内之人，徼外之国，畏威慑伏，为此举也。今陛下将兴师辽东，臣意荧惑。何者？陛下神武，不比前代人君，兵既渡辽东，指期克捷，万一差跌，无以威示远方，若再发忿兵，则安危难测。"太宗听后，觉得有道理。然而兵部尚书李勣却以当年听信魏徵之言失去了消灭薛延陀的机会，劝太宗征辽。太宗最后采纳了李勣之言，决定继续征辽。此后，褚遂良再次谏阻太宗亲征高句丽，太宗不纳，褚遂良只好从驾征辽。东渡辽水以后，由于遭到了高丽的顽强抵抗，唐军在安市城（今辽宁海城南营城子）久攻不克。征辽之初，褚遂良感慨万千，有诗《春日侍宴望海应诏》：

从军渡蓬海,万里正苍茫。
萦波迴地轴,激浪上天潢。
夕云类鹏徙,春涛疑盖张。
天昊静无际,金驾俨成行。
戈船凌白日,鞭石秋虹梁。
电举潮宗外,风驱韩貊乡。
之罘初播雨,辽碣始分光。
麾城湛□□,□□□□□。
同文渐边服,入塞仁歌倡。

当年六月,高句丽别将高延寿、高惠真率兵十五万增援安市,以拒唐军。李勣率兵奋击,太宗自高峰引军临之,高句丽大溃,杀获不可胜记,延寿等以其众降。因命名所幸山为驻跸山,遂刻石记功,赐天下聚欢二日。

为庆贺征辽之功,褚遂良作诗《辽东侍宴山夜临秋同赋临韵应诏》:

涿野轩皇阵,丹浦帝尧心。
弯弧射封豕,解网纵前禽。
凭高御爽节,流月扬清阴。
雾匝长城险,云归渤澥深。
翻鸿入层汉,落雁警遥岑。
露条疏更响,凉蝉寂不吟。
三韩初静乱,八桂始披襟。
商飙泛轻武,仙涧引衣簪。
酒漾投川酴,歌传芳树音。
边烽良永□,麾旆竦成林。

褚遂良在征辽的过程中两次作诗,虽然是应诏之作,但也真实表达了他对国家大计的思考和对太宗皇朝的忠贞感情。前诗在征辽之初,他担心万一不胜,则安危难测。因此，诗的开头就以"万里正苍茫"和"激浪上天潢"来表达其忧患和焦虑之心情。当然，他希望取胜，希望大唐早日安宁。所以，"电举潮宗外，风驱韩貊乡"，正是一种气势夺人、不可阻挡的趋势。他"入塞仁歌倡"，期待胜利的到来。后诗是庆贺之诗，尽管经过了千难万险，"雾匝长城险，云归渤澥深"，但大战告捷，边境安静下来。"歌传芳树音"，歌舞升平了。同时期待国防之强大，军队严阵以待，边疆永无烽火。这是对朝廷、对国家的一片忠心。

也有人说贞观十八年（644）二月，唐太宗扩张野心很强，处心积虑地要征服高句丽，并想亲自去征讨辽东，此事遭到了褚遂良的反对，但是李世民强硬的态度却使褚遂良感到恐惧。他没有再坚持，并跟随唐太宗远征辽东。但是后来事态的发展，证实了褚遂良的话是对的。唐太宗御驾亲征的结果是遭到了高句丽的坚决抵抗，败兴回师，才后悔不听魏徵、褚遂良之言。《新唐书》《旧唐书》皆无此记载。这种说法恐有误。但两部《唐书》记载了"高丽莫离支遣使贡金，遂良曰：'古者讨杀君之罪，不受其赂。鲁纳郜鼎太庙，《春秋》讥之。今莫离支所贡不臣之筐，不容受。'诏可，以其使属吏。"大体相同的内容。

贞观十八年（644）九月，已升任黄门侍郎的褚遂良开始参与朝政。随后，他被皇帝派往全国各地，巡察四方，直接可以黜陟官吏。贞观二十一年（647），褚遂良的父亲褚亮去世，他不得不暂时辞去黄门侍郎之职。贞观二十二年（648），太宗的得力助手马周死了，褚遂良才又被起用为黄门侍郎。这一年的九月，他就被提升为中书令，接替了马周的位置，成为继魏徵之后，与刘洎、岑文本、马周、长孙无忌一样在唐初政坛上举足轻重的大臣。

据《旧唐书》卷七四《刘洎传》云："十九年（645），太宗辽东还，发定州。在道不康。洎与中书令马周入谒。洎、周出，遂良传问起居，洎泣曰：'圣体患痈，极可忧惧。'遂良诬奏之曰：'洎云：国家之事不足虑，正当傅少主行伊（尹）、霍（光）故事，大臣有异志者诛之，自然定矣。'太宗疾愈，诏问其故，洎以实对，又引马周以自明。太宗问周，周对与洎所陈不异。遂良又执证不已，乃赐洎自尽。洎临引决，请纸笔欲有所奏，宪司不与。洎死，太宗知宪司不与纸笔，怒之，并令属吏。"到了武则天临朝，刘洎之子弘业上言其父为遂良谮而死，诏令复其官爵。刘洎（？—645），字思道，荆州江陵人。隋朝时官至黄门侍郎。入唐，初为南康州都督府长史，后官至侍中兼太子左庶子。太宗征辽，留辅太子李治监国，为褚遂良所诬陷赐死。《新唐书》《旧唐书》皆有传，见《旧唐书》卷七四，《新唐书》卷九九。对于刘洎其人其死，两部《唐书》皆有评价，《旧唐书》说："刘洎始以章疏切直，以至位望隆显。至于提纲整带，咨圣嘉猷，籍国士之谈，体廊庙之器。噫，枢机之发，荣辱之主，一言不慎，竟陷诬奏。虽君亲甚悔，而驷不及舌，良足悲矣！"《新唐书》也说："刘洎之才之烈，《易》所谓'王臣蹇蹇'者。然性刚疏，辅太子，欲身任安危，以言掩其众，为媢忌所乘，卒陷罪诛。呜呼！以太宗之明，蔽于所忿，洎之忠不能自申于上，况其下哉？古人以言为皆，可不慎钦！"这一点看来是褚遂良人生的污点，所以，后世史家有言："噫，使长孙不逐江夏、害吴王，褚不谮死刘洎，其盛德可少訾乎？"对于这个问题，喜欢褚遂良书法的人是努力回避的。

史称褚遂良"前后谏奏及陈便宜书数十上，多见采纳。"大都是太宗朝的事，尤其在反对夺嗣换宗事件中，处处表现出其大智大勇和刚正无私，为维护社稷长治久安立下了不可替代的功劳。唐太宗共有十四子，其中长子太子承乾、四子魏王泰、九子晋王治都是长孙皇后所生。承乾自武德九年（626）十月立为太子，后因其渐好声色，又亵狎群小，且患足病，行走不便。贞观十年（636），唐太宗乃移爱于李泰，并生易嗣之意。李泰亦引召学士，接纳朝臣，潜怀夺嫡之志。褚遂良从维护封建礼仪制度出发，反对唐太宗移宠于李泰。贞观十三年（639），针对每月给魏王的料物超过皇太子的现象，褚遂良提出异议："昔圣人制礼，尊嫡卑庶。谓之储君，道亚霄极，甚为崇重，用物不计，泉货财帛，与王者共止。庶子体卑，不得为例，所以塞嫌疑之渐，除祸乱之源。而先王必本于人情，然后制法，知有国家，必有嫡庶。然庶子虽爱，不得超越嫡子，正礼特须尊亲。如不能明立定分，遂使当亲者疏，当尊者卑，则佞巧之徒，乘机而动，私恩害公，惑志乱国。"（《贞观政要》卷四《太子诸王定分第九》）贞观十六年（642），又催促唐太宗把制定太子、诸王的名分作为最急迫的事来处理，以便成为今后历代帝王可以效仿的一种制度，进而积极地主张嫡尊庶卑的传统礼仪，和自周以来确立的嫡长子继承制度，以维护李承乾的太子地位。然而太子却因图谋魏王，事泄而败，于贞观十七年（643）四月初被废为庶人。

　　唐太宗很是赞赏四子李泰的兄弟情分。父子之道，本是人之天性，但李泰说如果他当了皇帝，他死之后把帝位不传自己的儿子，而要传给自己的弟弟李治。唐太宗既有了这样明确的想法，给事中崔仁师便立即承旨密奏，请立魏王为太子。中书侍郎岑文本、黄门侍郎刘洎亦劝之。其他大臣即使秦王旧属如司空房玄龄、司徒长孙无忌等人大都坐观时势，缄口不言。唯有褚遂良对唐太宗面许魏王为太子不以为然。褚遂良对唐太宗说："您这种想法是不对的，愿您仔细思考，不要错下去了。哪有您百年之后，魏王据天下，肯杀其爱子，传位给晋王的道理？您昔日既立承乾为太子，后复宠幸魏王，礼秩超过了承乾，嫡庶不分，所以造成了今日之祸。殷商就有这样的事情，足以为鉴。您今若要立魏王为太子，请您先安排好晋王的安全问题。"唐太宗听后，涕泗交流地说："我的确不能那样做。"正由于褚遂良一语中的道出："泰立、承乾、晋王皆不存；

晋王立，泰与承乾可无恙。"这种久贮胸中犹豫不决的矛盾心理，使得唐太宗在严峻事实面前改变了初衷。即日与长孙无忌、房玄龄、李勣与褚遂良等大臣商议，共立晋王为太子，终于避免了一场因夺嗣而引起的政治祸乱。

贞观二十三年（649），病重的太宗在弥留之际，将长孙无忌与褚遂良召入卧室，对二人说："你们两人的忠心，我心里是明白的。过去汉武帝寄孤给霍光，刘备托孤给诸葛亮。我的后事，就托付给你们二人。太子的仁孝，你们是知道的，你们必须尽诚辅佐，永保社稷的安宁。"他又对太子李治说："有长孙无忌和褚遂良二位老臣在，国家之事，你就可以不用担心了。"于是命令褚遂良起草诏书。在八年后，被黜的褚遂良写给高宗的信中曾提道："当受遗诏，独臣与无忌二人在，陛下方草土号恸，臣即奏请即位大行柩前。当时陛下手抱臣颈，臣及无忌请即还京，发于大告，内外宁谧。"（《新唐书》本传）事实也确是如此，高宗登上皇位，褚遂良功莫大焉！

太宗在位的后十年，褚遂良在政治上所起的作用日益显著，从起居郎逐步迁升为谏议大夫、黄门侍郎，进而参与朝政，最后位至辅佐天子而执国政的中书令和辅佐太子即位的顾命大臣。褚遂良的成长是与唐太宗分不开的，没有唐太宗的重用，我们就看不到功绩显赫的褚遂良。所以，褚遂良带着万分悲痛与肩负重任的复杂心情，撰写了《太宗哀册文》。太宗病逝，褚遂良内心无限凄凉。他完成《太宗哀册文》自朝中回家，骑马误入他人家的宅地竟然都没有觉察，可见褚遂良当时的悲痛之情和对国事之努力与投入。

永徽初年，褚遂良曾经踌躇满志，承受唐太宗的临终托孤，积极协助秦王府重臣长孙无忌等人共同辅佐新主，执行贞观制度，诚如他后来所说："臣处众事，咸无废阙，数日之内，内外宁谧。"但高宗李治是个沉溺女色、没有政治才干的人，即位的头几年，由于长孙无忌和褚遂良的辅政，尚有贞观遗风。

　　褚遂良被太宗和高宗重用和赏识，做事可能就有些无所顾忌。永徽元年（650）十月二十四日，当时监察御史韦思谦上奏说，中书令褚遂良压价买了中书译语人史诃担的私宅。并说，园宅不准上市，岂能估价买卖？而且大理寺少卿张叡册估价低而不当，即使无罪，张叡册作为大理寺少卿这样处理问题也是绝对不可以的。要求"弹劾"张叡册和褚遂良。有一个成语，叫"明目张胆"，说的就是监察御史韦思谦反对位重一时的褚遂良的这件事。看得出，李治并不喜欢这位托孤大臣，所以借处理张叡册之机，把褚遂良贬为同州（今陕西大荔县）刺史。有学者认为褚遂良被太宗和高宗的重用和赏识，自然被许多人嫉妒，遭人陷害，这是不符合历史实际的，有为名人讳之嫌疑。

　　到同州的褚遂良再也没有上朝进谏，没有日理朝政的繁忙，可以把这么多年对王羲之书法的理解重新温习和消化，把胸中的一腔愤懑和热血倾之于笔端。传说褚遂良被贬同州的第二年九月某夜，梦见司马迁之妾平原人隋清娱，并为之撰书铭事。黄本骥《古志石华》卷五收有此志，末云："褚遂良撰文并书。"但此也有按语说："此盖小说家因同州有褚书《圣教序记》，遂托此事，而好事者遂为撰志，用褚法书石以实之，其真伪无足深辨。然其书特工，传流已非一日。湘乡令胡君（钧）既摹《圣教序记》置于褚公祠，因并摹此志。"此碑全称《故汉太史司马迁公侍妾隋清娱墓志铭》。

　　此碑真伪现在看来并不重要，重要的是褚遂良被贬之后思考了很多，犹梦犹醒应该是褚遂良遭贬后曾经出现过的一种精神状态。他好似把自己同隋清娱的命运联系在一起了，用对隋清娱的同情，来暗示自己仕途上的不顺。

　　永徽三年（652）正月，高宗又把他召回身边，征拜为吏部尚书，同时监修国史，加光禄大夫，又兼为太子宾客，奉诏与太尉长孙无忌、弘文馆学士古那律等二十四人刊定孔颖达《尚书正义》二十卷。《尚书正义》刊定后，即颁布天下，每年明经令依此考试，意义重大。第二年又升为尚书右仆射，执掌朝政大权，成为佐助天子，总管百官、治理万事的首席宰相，这是他政治生涯的顶峰。

回朝后，褚遂良与以前的想法有所改变，想到太宗临死的托孤，想到忠心耿耿的大臣房玄龄被诬陷，想到自己被贬同州，看到朝廷目前的局面，也感到壮志难酬，因而产生了肃清报复的心理。

首先是韦思谦，这个使自己在政治上摔了一个大跟头，致使太宗的遗诏不能顺利实现的人，首先要惩罚他，将其贬谪到清水县当了县令。御史大夫李乾佑也与褚遂良不和，而且是韦思谦的上司，是弹劾褚遂良贱市人宅的支持者，亦被褚遂良所报复，贬为邢州刺史。李乾佑的墓志铭里有这样几句话："君以天资刚直，权豪惧惮，中书令褚遂良贸易之间，交涉财贿，既挥霜简，因触时蠹，遂良出为同州，寻而缘隙兴嫌，后成诬陷。君坐迁邢州刺史，寻除魏州。"接着是尚书左丞卢承庆，遂良认为他也是韦氏纠劾之支持者，出为益州大都督长史。而后褚遂良又翻出承庆在雍州的旧事参奏，又把卢承庆贬为简州司马。

把这帮当年为买宅地而加害于他的人全部剪除，有他的私心，也有他不辜负太宗托孤，为国家施展政治抱负的追求。

有学者说，政治上的坎坷、生活上的不顺利，当年扶植他的老师、朋友都已经不在了，高宗沉湎于女色，不理朝政，更不把褚遂良这个托孤大臣放在眼里，使得他对政治心灰意冷，而将精力投入到书法中，迎来了书法艺术事业上的最高峰和书法创作的高产期。永徽三年（652），正书《房玄龄碑》。永徽二年（651），正书《雁塔圣教序》。永徽三年（652），又奉敕正书

褚遂良《隋清娱墓志铭》（局部）

《阴符经》一二〇卷。其中《雁塔圣教序》是褚遂良书法艺术的代表作。这种对褚遂良书法成就产生原因的分析是不对的,前面讲过褚遂良如果有好的心情和纸笔,定能创作出优秀的书法作品,这时褚遂良创作出了一生最为杰出的书法作品,说明当时他的心情是非常好的。褚遂良的思想不是道家的,不是在政治上最失意时,才能创作出优秀的作品;而是儒家的,他的政治成就和艺术成就是同步的。

可以这样简短地归纳褚遂良在永徽初年的政治生活:贞观二十三年(649)六月,李治继皇帝位,年仅二十一岁。高宗即位后,就封褚遂良为河南县公;次年,又升为河南郡公。所以,后世多称褚遂良为"褚河南"。但是在实际上,李治可能并不喜欢褚遂良这位托孤大臣,所以后来借故把他贬为同州刺史,由柳奭取代了他的中书令的位置。三年后,高宗又把他召回身边,征拜为吏部尚书,同时监修国史,加光禄大夫,又兼为太子宾客。永徽四年(653),又升为尚书右仆射,执掌朝政大权,这是他政治生涯中的顶峰。

第三章　武则天立后之后的政治生涯

在高宗统治初期，李治刻意效仿太宗的所作所为，褚遂良他们确实取得了一些可观的成就。但是，不久，他和胆小懦弱的高宗皇帝一起，正面对着一个更为强大、机敏和肆无忌惮的对手武则天，在这场权力斗争中，他们都成了失败者。

贞观十四年（640）前后，只有十几岁的武曌进入后宫，成为太宗的"才人"（第五等嫔妃）。她的美貌与才情不仅得到了年老的太宗的喜爱，同时也得到了年轻的晋王即后来的太子李治的爱情。太宗死后，永徽五年（654）左右，曾经一度削发为尼的武曌成为李治的嫔妃，并被封为"昭仪"，得到高宗的宠信，也得到一些大臣的支持。

永徽六年（655），高宗准备废原皇后王氏，立武则天为皇后。在是否立武昭仪为皇后的斗争中，褚遂良与另一位元老重臣长孙无忌强烈反对任何废黜王皇后的企图。贞观元老莫不认为高宗此举有悖礼教，褚遂良、长孙无忌也曾和长安令裴行俭私下议论此事，认为"国家之祸必自此始"。在废王皇后立武则天这件事上，朝廷分为两派：一派是反对派，是辅政大臣长孙无忌、褚遂良，还有于志宁、韩瑗等大臣；一派是迎合派，是许敬宗、崔义玄、李义府等。《隋唐嘉话》卷中说："高宗之将册武后，河南公褚遂良谋于赵公无忌、英公，将以死谏。赵公将先入，褚曰：'太尉，国之元舅，有不如意，使上有怒舅之名，不可。'英公曰：'请先入。'褚曰：'司空，国之元勋，有不如意，使上有罪功臣之名，不可。遂良出自草茅，无汗马功，蒙先帝殊遇。以有今日。且当不讳之时，躬奉遗诏，不效其愚忠，何以下见先帝？'"史载高宗召太尉长孙无忌、司空李勣、尚书左仆射于志宁以及褚遂良进宫商议废后立后之事。李勣是一个很油滑和很会投机的人，他本来和长孙无忌、褚遂良等人的意见相同，后来看到高宗很固执而且决心很大，为了维护自己的禄位，态度改变了，称病不至。唐高宗说："罪莫大于绝嗣，皇后无子，今欲立昭仪，谓何？"长孙无忌说："自贞观二十三年后，先朝托付褚遂良，望陛下问褚遂良可否？"其实太宗临终时托事给长孙无忌和褚遂良两个人的，不知如何是好的他，情急之时，却把难题踢给了褚遂良，当时于志宁不敢说话，忠心耿耿的褚遂良说："皇后名家，先帝为陛下所娶。先帝临崩，执陛下手谓臣曰：'朕佳儿佳妇，今以付卿。'此陛下所闻，言犹在耳。皇后未闻有过，岂可轻废？臣不敢曲从陛下，上违先帝之命。"唐高宗十分生气。褚遂良发的一通议论，给皇帝泼了一瓢冷水。第二天，褚遂良又慨然上奏，明以利害，认为："陛下必欲改立后者，请更择贵姓，昭仪昔事先帝，身接帏第，今立之，奈天下耳目何？"而他的那种不要命的态度——将官笏放在台阶上，同时也把官帽摘下，准备辞官回家，并且叩头以至于流血——更使皇帝大为恼火，让士兵把他强行拉了出去。而坐在皇帝后边的武氏则恨不得立刻将他处死。大吼道："何不扑杀此獠？"长孙无忌说："遂良受先帝顾命，有罪不可加刑。"褚遂良才免于死罪。当时支持褚遂良的还有韩瑗，当他听说此事，涕泣极谏，高宗不予采纳。在这关键的时候，善于迎合旨意的李勣却说了一句话："此乃陛下家事，不合问外人。"听了这番话，唐高宗决心已下。这时许敬宗也对皇帝说："田舍翁多收十斛麦，尚欲易妇；况天子欲立后，何豫诸人事而妄声异议乎！"这一来既改变了唐王朝的命运，也将褚遂良等人推入了悲剧的深渊。

这场斗争，在中国历史上有着举足轻重的关系。根据陈寅恪的研究，对立的两派分别代表了不同地区的贵族利益集团。李唐家族从六世纪初期兴起之时、就与集中于中国西北地区（陕西和甘肃）的许多大家族建立婚姻纽带，形成所谓的"关陇集团"，而他们自西魏以来，就已在北方形成统治阶级的核心。像反对废后的长孙无忌、褚遂良、韩瑗等人，便是关陇集团的成员。而支持武则天的那一帮人，却出身于其他地区，或是商人，或通过科举制度而进入官场，他们是陈寅恪称之为"山东集团"的成员。这样，武则天与王皇后之间的争斗，就不仅仅是宫廷内部的简单争斗，而是反映了两个政治集团之间争夺最高政治权力的斗争。这场斗争以山东集团的胜利而告终。

武则天终于在同年十月被册封为皇后，褚遂良也被新皇后赶出朝廷，到潭州（今湖南长沙）任都督。褚遂良之子彦甫、彦冲二人随父流配外地。

当年父亲带着他和哥哥左迁西海郡司户，如今他像父亲一样，带着自己的两个儿子前往潭州，心情可想而知。褚遂良想到自己多年为国尽忠尽孝，到了老年却这样凄楚，遂作《湘潭偶题》诗："远山嶙崒翠凝烟，烂漫桐花二月天。游遍九衢灯火夜，归来月挂海棠前。"这首诗形象地表现了他的无聊和政治上的失落，以及内心世界的孤寂。他游遍所有有灯火有人气的地方，回到住所依然孤伴夜月，夜不能寐。

一日，心情十分沉重的褚遂良来到潭州辖境的陶公山石头寺，见寺庙规模宏伟，夹以苍松翠柏，青郁浓荫，十分可观。览物生情，更加忧国忧民，悲愤交集。他认为，武则天具有野心，武氏立，唐必衰败，于是奋笔写下"大唐兴寺"四字，隐示着匡扶大唐之意。其着笔潇洒，刚柔并显，给人以"情驰神怡""入妙通灵"之感。杜甫的《发潭州》诗有"褚公书绝伦"一句。后来寺庙建筑逐步被毁，唯留"大唐兴寺"石额，现存湘潭市博物馆。

在潭州，褚遂良写下了《潭府帖》，亦可见其当时之心情，其文曰："潭府下湿，不可多时，深益愤。况兼年暮，诸何足言。疾患有增,医疗无损。朽草枯木,安可嗟乎。自离王畿,亲故阻越,每思宿曩,宁喻于心。承汝立行可暮,出言成轨。迁居要职,擢任雄台。闻之嘉声,增以羡慕。更得汝状,重美吾诚。因奏事闲,方便在意。徒居此土,深成要佳汝悉也。五月八日,舅遂良报薛八侍中前。"

显庆二年(657)三月十六日,已经六十二岁的褚遂良转任桂州(今广西桂林)都督。后来武则天又听信了许敬宗、李义府的谗言。他们诬陷侍中韩瑗、中书令来济与褚遂良图谋不轨,授褚遂良桂州都督,企图以桂州为用武之地,并欲以之为外援。八月,韩瑗被贬为振州刺史,来济被贬为台州刺史。晚年的褚遂良又一次被贬。这一次是被贬到爱州(今越南清化省)一带,越贬越远。褚遂良在绝望之中,写了一封信给高宗,向他求情诉说自己曾长期为高祖与太宗效劳,最坚决地支持高宗继位等,结果仍是无济于事。他说:"过去太子和濮王争夺权力时,我不顾性命,归心于陛下。至太子恶事败露被废以后,岑文本、刘洎奏请先帝,让濮王进住东宫,又是我为您据理力争,这是陛下您亲眼见到的。到了先帝临终时,是我忙里忙外,圆满地处理了丧事,而且保持了很好的社会秩序。我是力小任重,现在也老了,什么事也干不了了,只好乞求陛下哀怜和宽恕。"事实也确是如此,高宗登上皇位,褚遂良功莫大焉。但李治昏懦,被武则天所迷,上表没有得到回复。

显庆三年(658),褚遂良在被流放的过程之中死去,时年六十三岁,殡于爱州日南郡北五里处,有两个儿子和一个孙子与其合葬。他共有三个儿子:彦甫、彦冲、彦季。彦甫为秘书郎,彦冲为城门郎,彦季未入仕。在他死后的两年多时间里,许敬宗、李义府等人还没有放过他,他们奏言长孙无忌的逆谋行为,也是褚遂良煽动的,这样武则天一方面把他的官爵削掉,另一方面把他的子孙后代也流放到他死的地方,后被杀。三子彦季年幼得免。直至弘道元年（683）二月，高宗驾崩后，彦季方被放还本郡。

尽管褚遂良悲恸死去，但他在历史上，对初唐政治、社会的发展，和他在书法艺术上的成就是功不可没的。直到神龙元年（705）十一月二十六日，即褚遂良死后四十六年，他得到了平反，武则天遗诏，褚遂良等子孙亲属皆赦之，咸令复业。又过了四十二年，天宝六年（747）正月十二日，他作为功臣，得以配祀于高宗庙中。褚遂良死后一百三十一年，德宗贞元五年（789）九月二十三日，皇帝下诏，褚遂良被追赠为太尉，并将褚遂良等人画于凌烟阁之上，以示他与唐初的开国英雄们有同样的功劳。文宗时，诏以遂良五世孙虔为临汝尉。褚遂良死后二百一十年，懿宗咸通九年（868）正月，褚遂良之柩始得蒙恩归葬阳翟，赐谥"文忠"。据《唐会要》卷四五，"功臣"记载：咸通九年正月五日，安南观察使高骈奏：爱州日南郡北五里，有故中书令河南元（文）忠公褚遂良墓。大中六年（852）前都护崔耿，因访丘坟，别立碑记云："显庆三年，殁于海上，殡于此地。二男一孙祔焉。"伏乞寻访苗裔，护丧归葬。从之。

武则天在政治上打击褚遂良，是维护她的政治统治的需要，是必然的。然而喜欢书法并且在书法上有独到成就的武则天，在书法艺术上不得不佩服褚遂良。因为武则天书法也是学习"二王"的，她与褚遂良在理解王羲之书法上是有共鸣的。也正因为如此，在武则天执政的万岁通天（696—697）年间，才有王羲之的九世孙王方庆将家藏先祖的二十八人书迹捐献给她，以获得朝廷的赏识，也正因为如此，她才亲自下令，命弘文馆将其摹勒拓印，以至历史上有了传诵千古的《万岁通天帖》。

武则天学习书法的热情很高，而且有专门学士教她学习，她大量观摹包括褚遂良编纂的弘文馆王羲之墨迹，她不得不由衷地敬慕和钦佩褚遂良的书法才华和功绩。因此，当褚遂良政治上不再是她的对头时，特别是褚遂良的

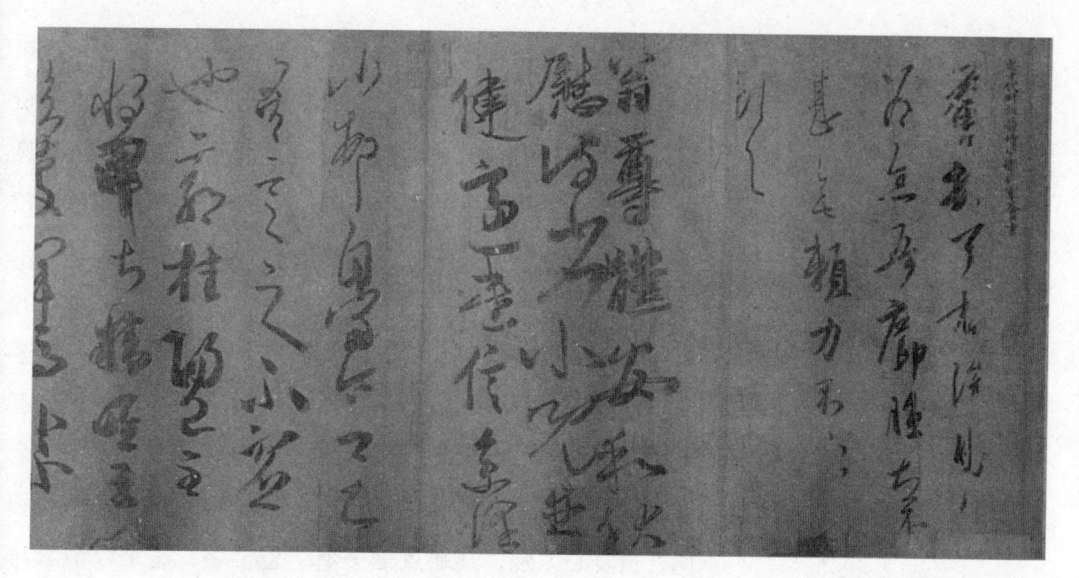

《万岁通天帖》（局部）

政治影响以及门徒都不再对其政治统治构成威胁时，她从书法艺术的情感联系上理解了褚遂良，赦免褚遂良是理所当然的。当然，这对她来说并不重要，所以一直到她走下政治舞台时，才赦免褚遂良一族。

有人说褚遂良这位对朝廷有过重大贡献的大臣最终被迫害而死，足见中国封建君主专制的淫威。然而，正是在永徽之治以及废王立武这件事中的大起大落，才造就了褚遂良的千古英名。对于褚遂良，一千多年来，人们在政治才华上佩服他，更同情他的坎坷；在书法艺术上赞扬他，更为他的人品所感动。这却不是武则天一人所能改变的。这种观点是因为褚遂良的书法而夸大美化了他的形象，所以说，这种对褚遂良的评价有点太高了。

客观地说，褚遂良为贞观之治和永徽之治做出了积极的贡献，可谓贞观、永徽两朝的名臣，后世有评："褚河南上书言事，亹亹有经世远略。魏徵、王珪之后，骨鲠风采，落落负王佐器者，殆难其人，名臣事业，河南有焉。"褚遂良的一生，是中国传统宗法社会大

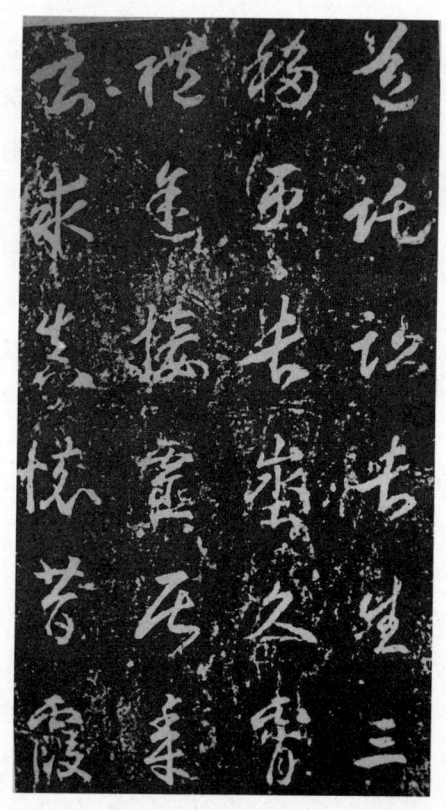

武则天《升仙太子碑》（局部）

官僚一生的典型写照，他对上是忠心的，对国家是有建树和贡献的，但对同僚心胸却有些狭窄。褚遂良的优点和贡献是突出的，但他的缺点也是我们所不能回避的。褚遂良的一生，对于我们重新思考中国传统政治的特点具有比较典型的意义。没有民主，没有透明度，没有制度保障，只有个人艰苦奋斗，只有几个人的暗箱操作，使得一些人的忽起忽落，大荣大辱。造成一人得势，福及全家；一人遭殃，又会祸及全家。这就是中国传统政治的特点。后人有说褚遂良是一位政治家，严格说来，还够不上，因为他这个人心胸不够宽广，容人之心不大，和早年的唐太宗不能相比，报复心太强，其缺点是一个"忌"字，这是政治家与官僚的一个重要区别。用人才还是用奴才，可以鉴别一个人做官是为公，还是为私。后世史家有评曰："太宗诸子，吴王恪、濮王泰最贤，皆以才高辩悟，为长孙无忌嫉妒，离间父子，遽为豺狼，而无忌破家，非阴祸之报欤?"长孙无忌如此，褚遂良也是如此。褚遂良之所以拥戴李治为太子，就是因为李治不是那么厉害，容易控制，结果，李治即位后，就被武则天所控制和掌握，褚遂良不能容许李治被武则天控制，自己种的果子自己来吃。这是具有中国传统政治观的人值得长期思考和警惕的一个大问题。最后需要指出的是：瑕不掩瑜，人无完人，我们说褚遂良在政治上的缺憾，一点也没有否认他在书法艺术上成就的意思。

第四章 《伊阙佛龛碑》赏析

　　唐代有高度发展的文化，就这种文化的总体来说，是高于以前任何一个时代的。在这种文化的熏陶之下，涌现出了一大批一流的政治家、诗人、书法家，他们礼貌周到，谈吐儒雅，有极好的艺术修养和高雅的审美情趣。褚遂良就是其中的一个重要代表。研习书法可以说是褚氏毕生的追求，尤其到了晚年，他在书法上可以说已经达到了一个至高至美的境界。褚遂良不仅在初唐的政治舞台上显赫一时，他在当时的书坛上也是独领风骚的，而他对后世的影响主要在后者。

　　艺术史研究的目的，像沃尔夫林《艺术史原理》中所说的——就在于把风格设想为一种表现，一种时代与一个民族的性情的表现，而且也是个人气质的表现。褚遂良的书法，正好也体现了这几点。也就是说，在他的书法艺术之中，既可以看到他所处的时代的风气，也是他那个阶层的贵族气息的展示。同时，也可以看出他自己的那种可以称为"唯美"的审美态度，在他身上体现了艺术家的气质。

　　自有书法以来，人们便对它的美做出种种的探索：在汉、魏，人们对它的"势"赞美不已；在两晋、南北朝，人们对"笔意"津津乐道；在隋唐，人们开始对书法的"结构"之美而感到赏心悦目。但是，他们显然还没有触及一个更关键的问题：书法创作之中的"心""手""笔"之间的关系问题。如果说有，那可能是由虞世南开始。虞世南著有《笔髓论》，其中"契妙"一节说：

　　　　字有态度，心之辅也；心悟非心，合于妙

也。比如铸铜为镜，非匠者之明；假笔转心，非毫端之妙。必在澄心运思至微至妙之间，神应思彻，又同鼓琴，纶指妙响，随意而生；握管使锋，逸态逐毫而应。学者心悟于至道，则书契于无为。苟涉浮华，终懵于斯理也！

这是由艺术的形态方面向艺术的根源之地进发的一种标志。因此，褚遂良同虞世南一样，更多地注意到了艺术的修养和创造问题。他们明显地与"尚意"书家们面对的问题相一致了，而这正是中国书法创作史上的一个进步。再引虞世南《笔髓论》中的另两节"释真"与"释行"，来揣摩褚遂良的书法创作：

若轮扁斫轮，不徐不疾，得之于心，而应之于手，口所不能言也。拂掠轻重，若浮云蔽于晴天；波撇勾截，如微风摇于碧海。气如奔马，亦如朵钩。变化出乎心，而妙用应乎手。然则体约八分，势同章草，而各有趣，无间巨细，皆有虚散。

褚遂良《伊阙佛龛碑》（局部）

这是一种多么抒情、多么轻灵的风格啊！"体约八分"，不就是含有浓厚的隶书笔意么？"皆有虚散"，晚年的褚遂良，不正是这样地由质实而走向虚散么？

乃按锋而直引其腕，则内旋外拓，而环转纾结也。旋毫不绝，内转锋也；加以掉笔联毫，若石墅玉瑕，自然之理。亦如长空游丝，容曳而来往；又似虫网络壁，劲实而复虚。右军云："游丝断而能续，皆契以天真，同于轮扁。"又云："每作点画，皆悬管掉之，令其锋开，自然劲健矣。"

由书法的意象之美，到书法的笔法之美，便铸造了褚遂良的优美的书风。

褚遂良书艺最为突出的特色为"空灵"。梁巘《评书帖》中说："褚书提笔'空'，运笔'灵'。瘦硬清挺，自是绝品。"书法的空灵，正是通过运笔与提笔而体现出来的。在欧书或虞书之中，我们都找不到明显的运笔痕迹。但是褚遂良却不同，他不掩饰用笔的痕迹，甚至乐于强调这种痕迹，以表现他所倾心的活泼节奏，一起一伏，一提一按，造成一种韵律，异常明快。像孙过庭《书谱》中要求的"一画之间，变起伏于锋杪；一点之内，殊衄挫于毫芒"，在褚遂良的书法之中，体现得最为彻底。

褚遂良比虞世南或欧阳询的机遇都要好。他生活在优游不迫的环境之中，纸、墨、笔都极其精良，在面对一张纸时，可以仔细地考虑每一点一画如何处理。因此，他的书法表现的是一种风度，一种最微妙、最飘忽的心情的变化。按照这样的意味去看褚遂良的作品时，我们便要惊讶于这些作品，没有一件不是杰作：它自成一个世界，一个整体。当褚遂良将他的书法艺术推向最高峰时，他便以这种种的美，建成他的书法境界：没有一点铺张，一切都是那么单纯、自然和平静，并不要求艺术有意想不到的强烈的刺激，要求用笔、风格、线条都有新奇的效果，它不过是在纸面上，以笔锋展开一种优美至极的舞蹈——它的妙处，就在于它的潇洒自然，既不仓皇失措，也不锋芒毕露。它让人看了，觉得只是一种为之微笑的境界，以及一种精致的趣味。

褚遂良最擅长隶书、楷书和行书。他初学虞世南，后取法王羲之，又曾以疏瘦见称的名书家史陵为师。他的书法主要是沿袭魏晋以来的隶书笔法，又继承了前辈欧阳询、虞世南两人特点，形成了自己的风格。阮元《南北书派论调》里有一句说："褚遂良虽起吴、越，其书法遒劲，乃本褚亮，与欧阳询同习隋派，实不出于二王。"这是入木三分的见解。他的书学过程，可分四个时期：（一）在初期写《伊阙佛龛碑》时，无"二王"味，完全是半隶半楷；（二）第二个时期由写碑进入帖学；（三）第三个时期进入学"二王"的时期；（四）第四个时期，由学"二王"的帖学又返回到书写碑版。他的书法风格明显地分为学碑和学王两个时期，学碑期宗欧，受北碑书风影响。他的早期作品包括《伊阙佛龛碑》和《孟法师碑》。这里所要分析的"早期作品"，主要是针对他的风格而言，而不是指他的年龄。

褚遂良的最早传世作品，就是《伊阙佛龛碑》，又名《三龛记》《伊阙佛龛记》《龙门山三龛记》《龙门佛龛碑》《龙门山造像伊阙佛龛碑》等。自署立于唐贞观十五年（641）十一月。正书。凡32行，行52字，额篆"伊阙佛龛之碑"3行6字。254厘米×156厘米，碑存河南洛阳龙门山。宋拓本，计42开，每半开30厘米×14.5厘米，北京图书馆藏。它是贞观十五年（641）十一月褚遂良四十六岁时所书，碑文为岑文本所撰，文见《全唐文》卷一五〇。这是魏王李泰为他的母亲长孙皇后所立。能为长孙皇后书碑，可见褚遂良在唐代初期的书法界中，地位是何等之高了。著录首见于《集古录跋尾》卷五，历代皆见著录，为我国著名的古代碑刻之一。

褚遂良《伊阙佛龛碑》（局部）

该碑拓本宋有著录，现传最早拓本为明

何元朗跋毕沅藏本，今藏北京图书馆，系现存褚书拓本中少见之本。字口锋棱俱在，"道行延"三字完整无损。末三行"至哉"、末二行"希望虽"及末行"皇祚于"八字亦完好，并且末行"五年岁次辛丑"等字，除"五"字仅存末笔，"岁"字左上稍损外，余皆完好。是本首端费念慈题"三龛记、宋拓本、字蠹秘籍"，并钤"费年慈"印。另有题签二：一题"旧拓褚河南三龛像记，明何拓清森阁藏本，广堪斋重装"，并钤"静逸庵图书记"印。二题"宋拓褚河南三龛记，明何元朗清森阁藏本，竹汀钱大昕为静逸主人题"，并钤"臣大昕""辛楣""臣志达"琴斋"等印。尾有何元朗、张效彬、沈志达、赵烈文等题跋。钤有"静逸庵书画印""蓉初珍藏""毕沅鉴藏""清森阁书画记""元朗"等印章。上海博物馆有陈文伯藏叶氏六行至十行未损三十字本，但《金石萃编》未录此三十字本。文物出版社一九六六年影印何良俊拓本，较近拓多出三百几十个字，是目前已知的最好拓本。此本美中不足是缺了碑额。前人无视唐楷书碑额，故多失佚。但此额"伊阙佛龛之碑"六字，是褚遂良仅有的篆书，虽字形不很精严，但笔力挺拔，与当时流行的阳文方格，描填得又肥又大的其他篆额相比，已算是出类拔萃了。

　　虽说是碑，实际上却是摩崖。它与碑一样，都是为歌功颂德而存在的。两者功用相同，在创作时却面对着不同的环境：一个是光平如镜，而另一个则是凹凸不平，书写的环境也不会那么优游自在。于是，摩崖书法的性格特征也就不言而喻：因无法近观与精雕细琢，于是便在气势上极力铺张，字形比碑志大得多，舒卷自如，开张跌宕。这正是摩崖书刻所具有的魅力，像汉代的《石门颂》《郙阁颂》《西峡颂》以及《开通褒斜道刻石》，它们的大度、自然、拙朴，即使是如《礼器碑》《乙瑛碑》《史晨碑》等真正的碑志精品也无法比拟。著名的"龙门造像题记"以及在山东平度市青杨东北的天柱山摩崖石刻，其气度之开张，韵致之飞扬，都可以视为典型的摩崖书风。褚遂良的《伊阙佛龛碑》，正是这样一种美的延续。

《伊阙佛龛碑》刻在洛阳龙门石窟的宾阳洞南侧。龙门石窟的宾阳洞这个浩大的工程动员了八十万人，历时二十四年，在正光四年（523）完成。洞壁上刻有本尊释迦牟尼和两胁菩萨，天井雕有莲花宝盖以及飘逸的十人伎乐供养天人像，另外，洞口内壁有"维摩变""佛本生故事""帝后礼佛图""十神王像"等四种大型浮雕。宾阳洞的南洞与北洞在北魏时开始营造，唐初完成，《伊阙佛龛碑》就刻于此时。它与北魏雕像的秀骨清像之风极为吻合。魏徵在《隋书·文学传序》中论到南北朝文学的差别时说："江左宫商发越，贵于清绮；河朔词义贞刚，重乎气质。"引申到书法之中，褚遂良的《伊阙佛龛碑》，正是重乎气质之表现的，而不是他晚年的"清绮"之美。

清人姚鼐《海愚诗序》中论到文艺之美的两种倾向时说："其得于阳与刚之美者，则其文如霆、如电，如长风之出谷，如崇山峻崖，如决大川，如奔骐骥；其光也，如杲日、如火、如金镠铁；其于人焉，如凭高远视，如君而朝万众，如鼓万勇士而战之。其得于阴与柔之美者，则其文如升初日，如清风、如云、如霞、如烟，如幽林曲涧，如沦、如漾，如珠玉之辉，如鸿鹄之鸣而入寥廓；其于人也，谬乎其如叹，邈乎其如有思，暖乎其如喜，愀乎其如悲。"如果说，褚遂良后期书法表现的是一种阴柔之美的话，如清风、如朗月、如舞女；那么，在这里所看到的，却是一种阳刚之美，如霆如电，如长风之出谷，浩乎沛乎，刚健辉光。欧阳修《集古录》中也说此碑"字画尤奇伟"。清人郭尚先《芳坚馆题跋》中说："中令晚岁以幽深

褚遂良《伊阙佛龛碑》（局部）

超俊胜,此其早岁书,专取古淡,与《孟敬素》用意正同。"康有为《广艺舟双楫》则以为:"龙门《佛龛碑》,则宽博俊伟。"上述各论无不是注目于他的雄伟俊逸上面。

　　此碑字大一寸二分,运用方笔、隶意来表达方正宽博之字形,运笔刚健有力,与隋朝的墓志铭有相近的笔意,也掺入了许多欧体和钟繇的《受禅表》的用笔,结构显得稳重、俊伟、精严,具有纯雅清遒之风格。这是一种来自北朝书法风格的美。他在线条之中,没有后来的那种飘逸、轻妙,而是庄严,仿佛含有压倒一切的力量,表现着一种超迈、斩截、充沛、威严的境界。他被称作北朝书风的大师,但与北朝书风又不尽相同。北朝碑刻更多是出自于无意识的流露,因而难免粗糙。褚遂良却加入了文人气质。他那宽泛而稳妥的节奏,他的线条中具有的柔和、深沉、细腻的律动,他的立意准确而并不夸张地讲究着典雅,却又超脱于前者。在满足了所要表现的美的条件的同时,也适应了人们对典雅与自然所具有的那种矛盾而神秘的喜爱。

　　长孙氏是位贤德的皇后,曾对初唐开明的政治起过积极的作用,朝廷文武大臣以至天下民众,莫不敬崇于她。也许正是出于这种敬慕之心,又加上此碑置于佛窟之内,具有一个庄严的主题。所以,褚遂良将此碑写得特别的端庄静穆、清虚高洁、横平竖直、刚严实在、朴质宽博,犹如仁者之言行,磊落坦荡、清澈见底,没有过多的修饰。笔势往来,时而显露出隶书所特有的波磔之笔,浑朴中似有一种婀娜之气。再从技法和书风上看,褚遂良充分吸收了汉、隋诸碑和欧阳询"铭石之书"的特点,内疏外密、字体较扁、横向取势、重心较低,这与隶书的书势相似;方刚挺劲、纵横质实,又近于欧体;同时又融入了自己从容浑朴的个性和刚严的气度,展示了一种独特的艺术风采。此碑虽有些地方尚显板滞,但已流露出了褚遂良的艺术天才,尤其在情感方面的处理上,是相当杰出的。在他的笔下,书法已成了寄托和表现心境与情感的艺术,达到了"心画"的境界。这只要我们将此碑同其他的碑比较一下，便可悠然会心，对此，后人予以了很高的评价。杨守敬《评碑记》："方正宽博，伟则有之，非用奇也。"又说："盖犹沿陈、隋旧格，登善晚年始力求变化耳，又知婵娟婀娜，先有此境界。"翁方刚称此碑为"唐楷中隶法"，而刘熙载赞美更甚，说它"兼有欧、虞之胜"。这些评说，大多着眼于书势用笔。事实上，最为可贵的是其中所包含的情感与个性，这同他为政为人的品格和气度是一致的。此所谓书者如也，如其人，如其志。

总之，《伊阙佛龛碑》前人评价很高。苏轼《东坡集》中道出"褚河南书，清远潇散，微杂隶体。"刘熙载认为"兼有欧虞之胜"，集两家之长。康有为虽讥讽唐楷"状如算子""截鹤续凫"，却称赞该碑"清虚高简"。这碑的好处在于笔力挺劲，用笔工整，以方笔为主，结字方正平稳，以端庄取胜，极合法度，点画棱角分明，横画两头偏粗中间细瘦，略带波势，平正中见遒劲，捺笔一波三折，既有外拓之险劲，亦有内敛之含蓄，整体具浓厚的隶书笔意，揖让处理受汉隶《礼器碑》影响极大，全碑有庄严博大的效果。但说它"兼有欧虞之胜"则不免溢美。笔法少变化，缺乏轻重虚实的对比，结构上因过分追求严整而使一些字显得不自然，乃至呆板而怪僻，便是该碑的缺点，而这种缺点在欧书《九成宫醴泉铭》《化度寺碑》《皇甫君碑》和虞书《夫子庙堂碑》里是不存在的。相比褚氏后期作品的随意和轻松自然，此碑还有很多刻意之处，笔法方面也缺少灵动的变化。这些都说明褚遂良这时的书法还不够成熟，尚未达到超化。但是为后来的《房梁公碑》和《雁塔圣教序》奠定了牢固的基础。杨守敬说："褚遂良的《龙门佛龛碑》宽博俊伟，《孟法师碑》方正和

褚遂良《伊阙佛龛碑》（局部）

畅。即知飞轩的绝迹均来自中规中矩。"

《伊阙佛龛碑》释文：

　　夫藏室延阁之旧典，莲蓬宛委之遗文，其教……嘉富贵为崇高。备物致用，则上（圣存其）发育；御气乘云，则列仙体其变化。兹乃尽域中之事业，殚方外之天府。逾系表而称笃论，眇帝先而谓穷神。岂非徇淼漫于陷井者，未从海若而泳天池也。矜峻极于块阜者，未托山祇而窥地轴也。乌识夫无边慧日，垂鸿辉于四衢。无相法宝，韫善价于三藏。泊乎出□器之外，寂焉超筌蹄之表。三界方于禹迹也，犹大林之匹豪端；四天视于侯服也，若龙宫之方蜗舍。升彼岸而舍六度，则周孔尚溺于沈沦；证常乐而捐一乘，则松乔莫追其轨辙。由是见真如之寂灭，悟俗谛之幻化。八儒三墨之所称，其人填邱垅矣；柱史园吏之所述，其旨犹糠粃矣。若夫七觉开绪，八正分涂。离生灭而降灵，排色空而现相。惟妙也掩室以标其实，惟神也降魔以显其权。故登十号而御六天，绝智于无形之地；遗三明而冥五道，应物于有为之域。是以慈悲所及，跨恒沙而同跬步；业缘既启，积僧祇而比崇朝。故能使百亿日月，荡无明于大夜；三千世界，隮法云于下土。然则功成道树，非练金之初；迹灭坚林，岂断筹之末？功既成，俟奥典而垂范；迹既灭，假灵仪而图妙。是以载雕金玉，阐其化于迦维；载饰丹青，发其善于震旦。绳绳乎方便之力至矣。巍巍乎饶益之义大矣。文德皇后道高轩曜，德配坤仪。淑圣表于无疆，柔明极于光大。沙麓蕃祉，涂山发祥。来翼家邦，嗣徽而赞王业，聿修阴教，正位正而叶帝图。求贤显重输之明，逮下彰厚载之德。忠谋著于房闼，孝敬申于宗祀。至诚所感，清□魄于上；至柔所被，荡震腾于下。心系尤勤，行归俭约。胎教克明，本枝冠于三代；闻政攸叙，宫掖光于二南。陋锦绘之华，身安大帛；贱珠玉之宝，志绝名珰。九族所以增睦，万邦所以至道。宏览图籍，雅好艺文。酌黄老之清静，穷诗书之溥博。立德之茂，合大两仪。立言之美，齐明五纬。加以宿殖远因，早成妙果。降神渭涘，明四谛以契无生；应绩昭阳，驰三车以济有结。故绵区表刹，布金犹须达之园。排空散花，涌现同多宝之塔。谅以高视四禅，俯轻末利，深入八藏，顾蔑腾鸶。岂止厘降扬……明德以居宗，膺茂亲而作屏。发挥才艺，兼苞礼乐。朝读百篇，总九流于学海；日搞三赋，备万物于词林。驱鲁卫以骖，驭梁楚使扶毂。长人称善，应乎千里之外；通神曰孝，横乎四海之滨。结巨痛于风枝，缠深哀于霜露。阳陵永翳，怀镜奁而不追，閟宫如在，望堵除而增慕。思欲弭节鹫岳，申陟岠之悲，鼓枻龙池，寄寒泉之思。方愿舍白亭而遐举，莹明珠于兜率。度黄陵而抚运，阴宝树于安养。博求报恩之律，历选集灵之域。以为百王建国，图大必揆于中州；千尊托生，成道不践于边地。惟此三州，实总六合。王城设险，曲阜营定鼎之基。伊阙带垌，文命辟襄陵之□。穹隆极天，峥嵘无景，幽林招隐，洞穴藏金。云生翠谷，横石室而成盖；霞舒丹巘，临松门而建标。崱基拒于嵩山，依希雪岭；□流注于德水，仿佛连河。斯固真俗之名区，人祇之绝境也。王乃磬心而宏喜舍，开藏而散龟贝。楚般竭其

褚遂良《伊阙佛龛碑》（局部）

思，宋墨骋其奇。疏绝壁于玉绳之表。而灵龛星列，雕□石于金波之外，而尊容月举，或仍旧而增严。或维新而极妙，白豪流照，掩莲花之质，绀发扬晖，分檀林之侣。是故近瞻宝相，俨若全身，远□神光，湛如留影。嗤镂玉之为劣，鄙刻檀之未工。杲杲焉逾日轮之丽长汉；峨峨焉迈金山之映巨壑。耆阇在目，□竭可想。宝花降祥，蔽五云之色；天乐振响，夺（万籁）之音。是以睹法身之妙，而八难自殄；闻大觉之风，而六天可陟。非正真者，其孰能与于此也。善建佛事，以报鞠提之业。非纯孝者，其孰能与于此也。昔简狄生商，既轮迥于名相；公旦胙鲁，亦流遁于国城。犹且雅颂美其功，同和于天地；管弦咏其德于鬼神。况乎慧灯普照，甘露遍洒。任姒尊名，具之以妙觉；间平茂实，成之以种智。是用勒绀碣于不朽，譬彼法幢，陈赞述于无穷。同俾夫衣销劫石，与金刚而比坚；芥纳须弥，随铁围而齐固。感□□词，乃作颂曰：十号开绪，二谛分源，有为非实，无相称尊。光宅沙界，辰居给园。仁舟勘溺，智讵排昏。缘发现迹，（化）终还净。色身蹔掩，灵照远镜，布金降真，攻玉图圣。五道有截，三□无竞。帝唐御纪，大姒定祥。功济赤县，德穆紫房。十品散馥，三慧腾光。广辟香地，载纽玄纲。卓尔英王，至哉茂则。丹青神甸，监梅王国。掷（□□□），横海迈德。孝思不匮，报恩罔忒，聿修净业，于兹胜境，梯危紫（□，□□）翠岭。勒石表相，因山摹（□）。希圣难遥，求心宁永。豪疑祇树，楼似增城。飞泉洒汉，危石临星。岩垂日近。□纯孝克宣。胜业载慈圆，邪山灭地。来游皇祚于□□年岁次辛丑……

第五章　《孟法师碑》赏析

　　《孟法师碑》又称《京师至德观主孟法师碑》《至德观主孟静素碑》，全称是《京师至德观主孟法师碑铭》。碑主孟法师即孟静素（542—638），江夏安陆人，俗名孟静素，是个女道士，自幼喜道，发誓终身不嫁。受隋文帝的诏请而居住在京师的至德观担任住持，贞观十二年（638）去世，享年九十七岁。文见《全唐文》卷一五〇，岑文本撰文，万文昭刻字，著录首见《集古录跋尾》卷五。楷书，字径七分，贞观十六年（642）五月立。北宋末年被移往东邻的国子监内，后来便遗失了，现存唐拓本也已残缺不全，凡11开，仅20页，每页4行，满行9字，计769字，较原文少200余字。每半开25厘米×12.2厘米。原拓本曾为清临川李宗瀚所藏，为"临川四宝"之一。此原石虽久佚，但由于刻工极精，故拓本甚好。近代流入日本，归三井氏听冰阁，现藏日本三井文库博物馆。有文明书局、有正书局影印李宗瀚本，临川李氏石印本。据王世贞跋云：是本"首脱'唐京师至德观（法）主'八字，尾脱年月衔名三十三字，碑叙脱百余字，词脱二十七字，当是割裱后历世久远，赙池零落故耳。"是本首有李宗瀚题记，王文治、虚舟题签。剪裱本后有王澍、王世贞、王世懋、王文治、陆恭、李宗瀚等题跋。有印

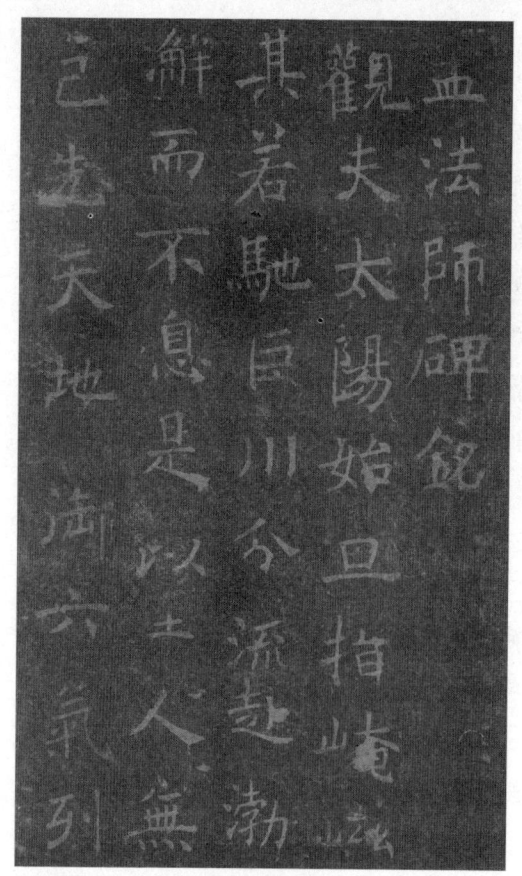

褚遂良《孟法师碑》（局部）

本、亦有翻刻本，但无佳者。曾有翻刻本二种，同是装14开，半开4行，行9字。一有额，一无额。额篆书"唐京师孟法师碑铭"八字。

此碑是褚遂良的初期代表作，体势虽方峻，但已不像《伊阙佛龛碑》那样方正平整，笔画也渐有圆势的表现，显然受到虞世南、欧阳询的影响极大，写法略似于《孔子朝堂碑》，而更接近《九成宫醴泉铭》，书风除仍存晋隋韵致外，也融入了汉魏隶法及欧、虞的风格，整个作品显得端庄典雅而富有古意。

杨震方《碑帖叙录》云："此碑书法合欧阳询、虞世南为一体，沉着险劲处，非《圣教序》所能企及。"李宗瀚题跋记中云："（此碑）遒丽处似虞，端劲处似欧，而运以分隶遗法，风规振六代之余，高古追'二王'以上，殆登善早年极用意书，亦平生最得意书。"杨宾《大瓢欧笔》评述："《孟法师碑》为河南公第一法书，相传正中带隶。"可以说，《孟法师碑》书体融合欧、虞为一体，遒丽似虞，端庄似欧。既有虞世南书法典雅宽舒的结体，又有欧阳询书法刚健险劲的运笔。字形更为方正端丽，用笔轻重虚实、起伏顿挫均富于变化，结体疏密相间，顾盼照应，章法缜密而气势流动。该碑是褚氏中年书法的代表作，书体方正，有些字又具有隶书笔意，古雅凝重，继承了北朝的书风，具有初唐楷书的特点。

细看此碑，可以感到也许因对象和情感的不同，虽仅晚《伊阙佛龛碑》一年，而气息境界大有不同，似乎看上去是两人所书，不仅深受欧、虞的影响，更具有六朝人的气息。其书法温婉雅静、平和丰润、宽舒安详，如得道之士，谈笑间，自有一种超尘拔俗之姿。结体平中见奇、和中见智，虽似无惊人之举，而足以惊。设想没有渊博精深的学识，没有超越荣辱的气度和意气平和的心境，怎能写出如此境界的作品？从技法和风格上看，此碑几乎将前碑中的板滞之弊一洗而尽。从书势上，虽仍与前碑颇为相近,但更为圆熟,不再重心偏低。在用笔上,隶书的遗意更浓,又参以虞世南圆润虚和的风韵,在平和中似有一种翩跹之势,方圆出入,美不胜收,尽得自然。从骨力刚健的角度上来说,它与《伊阙佛龛碑》有相同,也明显地有不同的地方。他平直的用笔有了曲线,字势力求开张,隶意虽有,却更内敛,横画的俯仰起伏与竖画的弩势,已经开创了后来成熟时期书风的最为鲜明的特色。可以说,这是褚遂良书法艺术变法的开始:他在有意识地融汇各家之长,在古法与新态、用笔的方与圆、笔画的曲与直之间寻求着自家风格。此碑可谓集陈、隋碑志和欧、虞之大成,体势方峻,迹近欧阳询,而略参以晋隋人韵致,撇轻捺重是其特点。由此可以探知褚遂良此时已悟得魏晋之神韵,并将这种神韵发挥得淋漓尽致。褚遂良这一突破,为历代书家所推崇。王世贞跋云:"波拂转折处无毫发遗恨,真墨池中至宝也。"可见褚遂良对古典书法所具备的单纯之美、静穆之美,以及冷静的理性精神,已经有所偏离,而走向更自由的表现。很显然,褚遂良将欧之刚严、虞之圆润融于其中,并表现出自己独特的审美理想,真正开启了唐代书法的先河。

褚遂良的《孟法师碑》仍然不能摆脱欧、虞的影响,用笔接近欧阳询,结字则有虞世南的影子,但变法已见端倪。行笔间有了起伏和较强的节奏韵律感,较之《伊阙佛龛碑》更为圆润秀媚,字形左紧右舒,相互间呼应更为明显,结构端庄大方,疏密、巧拙呈现出不同变化,一些呆板的成分消失了。如果就褚遂良一生书法发展来做总的评价,还是缺少个人面目,因为楷书风格塑造较行

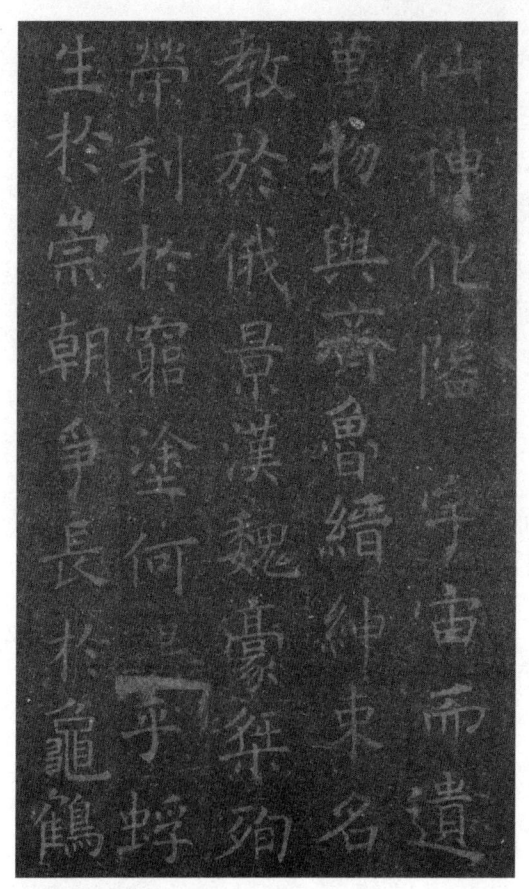

褚遂良《孟法师碑》(局部)

草书更难。

从前期的两件作品看，《孟法师碑》尽管仅晚《伊阙佛龛碑》一年，但其书风竟会相差如此之大，这是其他书家所难以抗衡的。显然，褚遂良在刻苦追摹古人的过程中，能悟得书道三昧，既是师承又非单纯的师承，最终使他能以自家本色别开生面。褚遂良在深受欧、虞和史陵影响的同时，又能在宫中看到并精心临摹众多前贤的名迹，使他能很快领悟到古人的各种用笔方法，以致挥运自如，得心应手。从以上两碑中，我们可以细察到欧的刚方、虞的圆润和史陵的疏瘦等特点。三者中，对其影响最深刻的应该是史陵。史陵的书法保持了南朝高古的气韵，一是疏瘦；二是有汉隶遗风。隶、楷相间，使史陵的书法在用笔上显得格外的丰富优美。褚遂良在学习欧、虞和史三家的基础上，旁习汉、陈、隋碑志和"二王"书法。这固然与文字由隶变楷的发展过程有关，但更多地表现出褚遂良对隶书遗韵的思慕。这种"复古"不是文字学意义上的，而是具有深刻审美趣味的文化背景，与褚遂良文人学士的儒雅本性不无内在联系。从这里我们可以探知一些褚遂良早期书法"隶楷"风格的成因。所以，尽管是碑，因刻工精湛，处处能给人一种翰墨淋漓的感觉，这在初唐其他书家中是难以看到的。

总之，《孟法师碑》的艺术，与《伊阙佛龛碑》相比，无疑是向前跨了一大步，用笔坚实而有变化，轻重虚实的照应也较明显，结构端整而不板滞，能疏能密、巧拙相济，确是初学楷书的理想范本之一。它在相当程度上算是欧、虞合体。用笔很接近欧，某些字若单独看，几乎与欧相同；某些字结构又像虞，尤其是整个平和雅静的意趣与虞相近。由于欧、虞的影响保留得比较多，尽管它确是第一流的唐楷，但还不能代表褚遂良书法艺术上的独特成就。

但两碑也有相同之处：两碑的点画都瘦劲坚实，结构

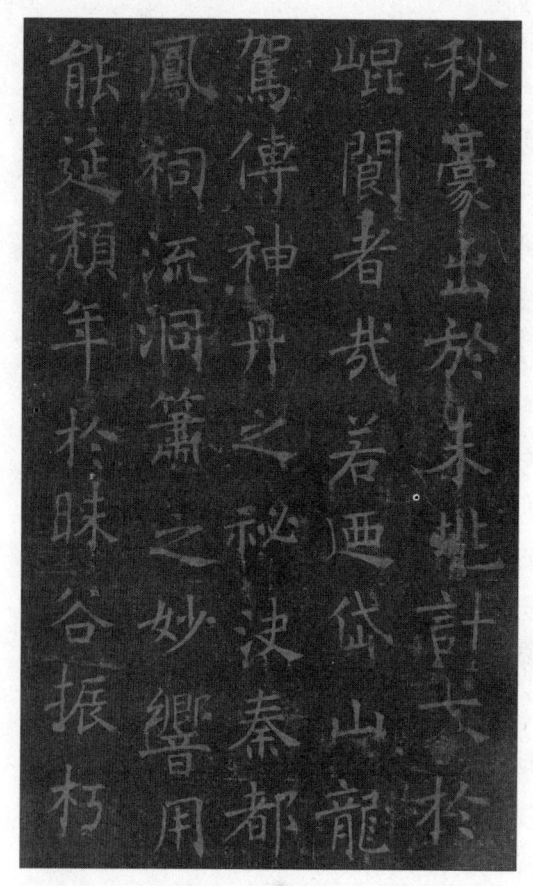

褚遂良《孟法师碑》(局部)

谨严方正，字内笔画距离大体均匀，少有极密处；笔画少的字，也尽可能撑开或收缩成正方形，如"日"字不作长方形而近正方形，"州"字的左竖笔不向外撇而只作一竖笔之类。总之，两碑都较多地保留了六朝由隶变楷时期的古意。这两部作品已经开始具备了一种区别于欧、虞书体的新面貌，但是褚遂良的前期作品吸收了欧、虞及《龙藏寺碑》等的运笔与构架特征，尚未对前代运笔特点进行总结，发挥出自己的独创新意。这也是艺术发展的规律所决定的。可以看出褚遂良的书法艺术发展之路是明显地吸收欧、虞笔法而走向独立之路的。

前期褚书中不仅保留了北碑的明显痕迹，而且在结体和运笔上掺入了某些隶书的体势，许多人认为这是褚书的主要特色和最大优点。其实，楷书发展到了隋朝，已经完全摆脱了隶书用笔的残余而独立出来。试观《龙藏寺碑》《苏孝慈碑》《董美人志》等隋碑，何尝还有一点隶书的意味？到了唐初更是如此。这时仍以隶书入楷，并不是必然的现象。至于后代书体汲取前人书体中合理有用的因素，那是普遍的辩证规律，但与原封不动地保留和搬用旧事物，是截然不同的。褚书中保留了若干隶势，如与欧、虞书比较，恐怕还是书家着意复古的因素居多。这是一种不自然的逆动，实在不能算作褚书的长处。后期的褚书中虽然偶一见之，但也可以看出他是在逐步摆脱这个毛病。所以，《旧唐书》本传称褚遂良"尤工隶书"，《全唐诗》卷三三在介绍褚遂良时，亦是说"尤工隶书"，应该说这是很不准确的，它只能代表褚遂良早年书法特点，绝不能概括其一生的书法特点，更不能说是褚遂良书法的优点。

《孟法师碑》释文：

　　孟法师碑铭　观夫太阳始旦，指崦嵫其若驰；巨川分流，趋渤澥而不息。是以至人无己，先天地（而）御六气，列仙神化，临□宇宙而遗万物。与齐鲁缙绅束名教于俄景，汉魏豪杰，徇荣利于穷途。何异乎蜉生于崇朝，争长于龟鹤；秋毫出于末兆，计大于崐阆者哉！若乃岱山龙驾，传神丹之秘诀；秦都凤祠，流洞箫之妙响。用能延颓年于昧谷，振朽骨于玄庐。白玉之简，祈西王而可值；青云之衣，师东陵而易袭，岂非度世之宝术，登遐之妙道焉？法师俗姓孟氏，讳静素，江夏安陆人也。其先徙里成仁，继迹于孔墨。冬笋表德，齐声于曾闵。是以贻则当世，锡类后昆。轩冕之盛，既富于天爵；贤明之质，独表于仙才。固以轶仲躬之奕，□虞而已哉。幼而慕道，超然拔俗。志在芝桂，譬刍豢于糠秕；心系烟霞，方绮罗于桎梏。既而初笄云毕，迨吉有典。懿戚托继世之援，慈亲割相离之情。千金甫陈，百两将戒。法师凌霜之操，必守节于玄冬；匪石之诚，誓捐生于白刃。素概难夺，嘉礼遽寝。乃脱屣通德之门，绝景集灵之馆。虔修经戒，长甘蔬菲。漱元气于亭午，思轻举于中夜。若夫金简玉字之余论，玄化道枢之妙旨。三皇内文，九鼎丹法，莫不究其条贯，犹登山而小鲁，践其户庭；若披云而见日，

褚遂良《孟法师碑》（局部）

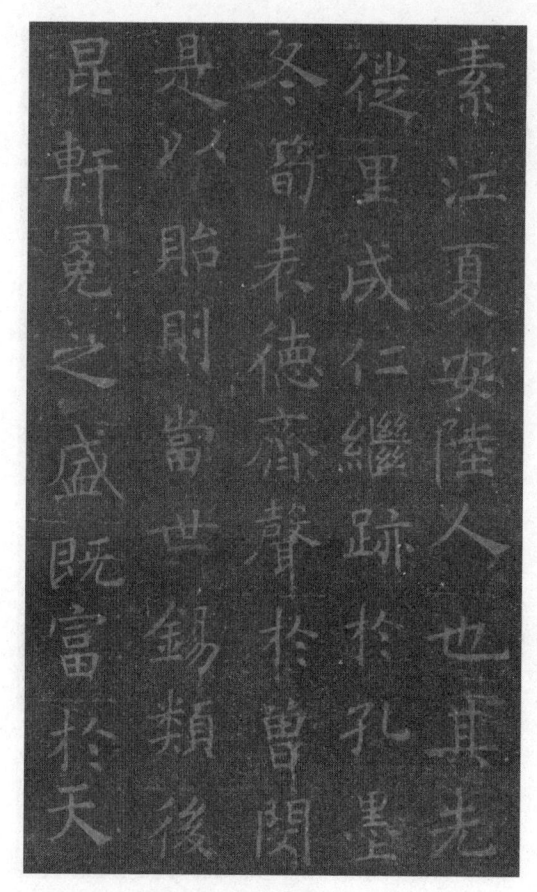

褚遂良《孟法师碑》（局部）

允所谓天挺才明，人宗模楷者已。随（隋）高祖文皇帝闻风而悦，徵赴京师，亦既来仪，居于至德之观。公卿虚己，士女翘心。于是高视神州，广开众妙，悬明镜于讲肆，陈鸿钟于灵坛。著录之侣升堂者比迹；问道之客，及门者成群。虽列星□（之）仰天津，众山之宗地轴，未足以喻也。我高祖以大圣缔基，功逾覆载。皇上以钦明纂历，道冠犧农。崇三清以纬民，怀九仙而济俗。天地交泰，中外和平。法师维持科戒，弘宣经典。时历蒇险，怀赵璧而无玷。年殊盛衰，鼓吴涛而不竭。迹均有待，心叶无为。循大小于天倪，既齐椿菌；忘寿夭于物化。宁辩彭殇？而灵气有感，仙骨夙著，金液方授，驾白龙而不反。玉棺遽掩，望青鸟之来翔。以贞观十二年七月十二日，遗形而化。春秋九十有七。颜色如生，举体柔弱，斯盖仙经所谓尸解者也。冕旒惜道门之梁坏，缙绅悼人师之云亡，固以恩俸撤乐，悲逾辍相，有敕赐以赙……（其词曰：西秦箫响，东陵圣）迹。霞举玉京，云开金液。飞廉先路，句芒奉璧。形表丹青，声流金石。玄风谁纂，允属贤明。翟衣绝志，鹤御依情。栖心大道，投迹长生。三山可陟，九转方成。灵化人间，高……

第六章　学习和研究王羲之

唐代书法的风格变化与兴盛是与国君李世民的嗜好分不开的。张彦远在《法书要录》中就记载了李世民的一桩趣事：贞观十八年（644），太宗召三品以上官员，赐宴于玄武门。太宗乘兴取笔作飞白书。众臣也乘着酒兴从太宗的手中竞相争夺。散骑常侍刘洎竟登上龙床，把太宗的手抓住得到了这件书法作品。这样的举动显然把众人吓坏了，同时也因为有妒忌之心，众臣一齐跪下请求按照法律将刘洎处斩。太宗却笑着说："昔闻婕妤辞辇，今见常侍登床。"竟这样轻易地赦免了刘洎的罪过。在这样热爱书法的氛围之中，无疑会产生众多伟大的书法家。

唐太宗不仅是一位深谋远虑的政治家，而且是一名卓越的诗人和书法家，他对文学艺术和书法理论都有着十分深刻的见解。在书法家中，他对王羲之特别欣赏，在《晋书》中，李世民对王羲之的书法这样赞美道："所以详察古今，研精篆素，尽善尽美，其必王逸少乎？观其点曳之工，裁成之妙，烟霏露结，状若断而还连；凤翥龙蟠，势如斜而反直。玩之不觉为倦，览之莫识其端。心慕手追，此人而已。其余区区之类，何足论哉！"作为《晋书》主编之一的褚遂良，对这一赞语肯定有刻骨铭心的印象。尤其是后面的几句"状若断而还连"云云，不就是晚年褚遂良的书法风格的重要特色么？对李世民怀有深厚感情的褚遂良，毕生都在追求着与实践着这一点。

唐太宗批评钟繇"古而不今""长而逾制"的书体，不满王献之"疏瘦""拘束"的字势和萧子云无"筋"、无"骨""无丈夫气"的风韵，而极力赞赏王羲之"烟霏

李世民《屏风帖》（局部）

露结"（笔）、"凤翥龙蟠"（势）的书法，既与当时流行的文学思潮相一致，也和他平日的书法语言相贯通。《唐朝叙书录》引述唐太宗论书语一则，他说："今吾临古人之书，殊不学其形势，惟求其骨力。及得其骨力而形势自生耳，吾之所为，皆先作意，是以果能成也。"骨的本义为骨骼，文学批评引申为作品的理论和笔力，所谓"结言端直，则文骨生焉""练于骨者，析辞必深"（刘勰《文心雕龙·风骨》）。在书法艺术中，骨就是笔致，即遒劲的笔力和雅正的气质。当时托名为卫铄之"善笔力者多骨，不善笔力者多肉；多骨微肉者谓之筋书，多肉微骨者谓之墨猪；多力丰筋者圣，无力无筋者病"（《书法要录》卷一，《晋卫夫人笔阵图》），即是说此。唐太宗号称学逸少书法，"心摹手追，此人而已"。观此，则可知其为求其骨力，而非取其形势。中原古法拘谨拙陋，多重气质；江左笔札，疏放妍妙，独贵清绮。隋时南北流风渐趋融合，然而萌而未融，尚多中原余意，方严刚正，未兼南北之长。入唐，梁陈书风乘反隋心理，席卷书坛，唐高祖李渊便是典型。他的书法"师王褒、得其妙，故有梁朝风格焉"（窦臮《述书赋》）。梁朝风格是建筑在王献之（包括萧子云）书法艺术基础上形成的。唐太宗排斥王献之，喻之为"隆冬之枯树""严家之饿隶"，固属于崇尚古雅，以逸少为轨范，亦因梁、陈遗风俱肆巧媚，都乏典重。同样，唐太宗崇仰王羲之，评之为"尽善尽美"，古今第一，固出于个人爱好，近臣倚重，亦因其声望、地位以及艺术造诣足可以号召社会书势。当时社会书势是隋代书势的延续，其发展的趋势与唐太宗的理论主张相一致，故唐太宗缘情设教，以达到纠偏改良、折中南北，倡导雅正书风之目的。由此可知，唐太宗的书法理论，原则上主张继承王字传统，实际上是以陈隋书风为基础，发扬中原古法，引导书法艺术走上健康发展的道路。

初唐不是崇尚清谈的时代，其士大夫勇于任事，富有积极入世的"有为"精神。同时，唐代国家统一，政局稳定，经济繁荣，文艺复兴，史称"贞观之治"，其威震于遐迩而四海的景象，绝非东晋王朝所可企及。因而，无论政治、经济、文化包括书法艺术都具有积极向上，朝气蓬勃的时代精神。身处如此发展的社会，书家的思想气质、情操和胸襟，自与右军迥异。而且唐代书判取士，"楷法遒美"为其铨选标准之一。弘文、崇文两馆学生争取出仕，亦必须"楷书字样，皆得正详"。唐太宗还曾敕令虞世南、欧阳询"教示楷法"。唐太宗大力提倡儒学，兼及佛道，著述典籍蔚然成风，而当时雕版印刷术尚未发明，一切依人工抄写。初唐谀鬼风尚又十分炽热，丰碑巨碣，油然而起，其书体必须深刻，方正得体，自以楷法为宜，而王羲之书法大多简牍"其事率皆吊哀候病，叙睽离，通讯问，施于家人朋友之间，不过数行而已"（欧阳修《六一题跋》）。斯非高文大册，自可逸笔草草，淋漓挥洒。初唐既重楷法，其于王羲之书法，实难全仿形质矣。唐太宗提倡"殊不学其形势，惟求其骨力"的原则，既是王羲之所处的晋朝的时代精神与唐朝迥异，也是王羲之的书法艺术在唐朝大受欢迎的根本原因。贞观元年（627），唐太宗曾召集京官文武五品以上职事官的子弟："有性爱学书者，及有书性者，听于（弘文）馆内学书，其书法内出。其年有二十四人入馆，敕虞世南、欧阳询教示楷法。"及至次年国子监恢复书学，设置书学博士收徒讲学，传授《石经》《说文》《字林》等专业。参考弘文馆学生"楷书字体，皆得正详"的要求和当时别置校书郎二十人、楷书手一百人入秘书省缮写校对四部图书的情况分析，无论是敕虞世南、欧阳询教示楷法，还是置设书学专科，其目的或许就是为了培养缮写图书的书法专家，但事实上，这些举措都极大地促进和激发了整个社会学习书法的热情。

　　李世民即皇帝位后，曾不遗余力地广泛收集王羲之的法帖，天下人争着献上邀赏。王氏之书自南朝以来，真赝相杂，且屡经战火，遗失几近，而唐初搜集竟达千数，自然是鱼目相混、泥沙俱下，如何鉴别真伪，就成为一个摆在唐太宗面前的大难题。褚遂良对王羲之的书法是最熟悉的，他可以丝毫不爽地鉴别王羲之书法的真伪。皇帝要高价收购王羲之的书法，四面八方拿来大量书法墨迹，都说是真迹。褚遂良不仅书法写得"古雅绝俗，瘦硬有余"，而且还有一双精妙神奇的书法鉴赏慧眼。有一次，唐太宗征得一卷古人墨宝，便请褚遂良看看这是否出自王羲之的手笔。褚遂良看了一会儿，便说："这是王羲之的赝品。"唐太宗听了颇为惊奇，忙问褚遂良是怎么看出来的。褚遂良便要唐太宗把这卷书法拿起来，透过阳光看。褚遂良则用手指着"小"字和"波"字，对唐太宗说："这个小字的点和波字的捺中，有里层比外层更黑的墨痕。王羲之的书法笔走龙蛇，超妙入神，不应该有这样的败笔。"唐太宗听了，打心眼里佩服褚遂良的眼力。贞观十三年（639），太宗命褚遂良和校书郎王知敬等人，在玄武门外设场子进行辨别，当时褚遂良编有《王羲之书目》正书四十帖，行书十八帖，并拿来真迹进行比较，因此再没有人敢将赝品送来邀功，而且这次在编写《王羲之书目》的过程中，他更加细致地研究了王羲之书法，这对他以后书风的形成起到了非常关键的作用。

　　褚遂良在书法上，不可避免地卷入了对王羲之书风崇拜的旋涡，并持续地沉湎于其中，专心致志地遵守着王羲之的规范。贞观六年（632），褚遂良已经三十七岁，正是志学之年。据《唐会要》卷三五记载，在该年的正月初八，太宗下令整理内府所藏的钟繇、王羲之等人真迹，计一千五百一十卷。褚遂良参与了这次整理活动，众多的王羲之的真迹，使他大开眼界，他在中国书法的体格与形态中，找到了一种贵族的或属于知识分子的艺术品位。这品位是华美的，而不是朴素的；是如精金美玉的，而不是浑金璞玉的。

那么，褚遂良为什么对王羲之书法艺术有如此深刻的研究呢？关于褚遂良的书法，《书断》称："少则服膺虞监，长则祖述右军。"褚遂良少时服膺虞世南，从而被领进了王羲之的艺术世界，并且形成了一种渴望、追求和前进的理想，而祖述右军，又直接从王羲之墨迹中进一步琢磨、体悟无形中之性情与笔性。

唐张彦远《法书要录》中有《传授笔法人名》一文，附在《古来能书人名》文后，记述了笔法传授的谱系，共二十三人。他们是：由蔡邕传给崔瑗和女儿蔡文姬，文姬传给钟繇，钟繇传给卫夫人，卫夫人传给王羲之，王羲之传给王献之，王献之传给羊欣，羊欣传给王僧虔，王僧虔传给萧子云，萧子云传给智永，智永传给虞世南。古人历来把书法看得很神秘，掌握了笔法似乎就拥有了人神相通的法宝。这在历代论笔法时多有提及。故笔法一直是被神化的，从不外传，也因此才有了《传授笔法人名》之说。

我们无法想象和断定王羲之的笔法传到虞世南，传承了多少，但依据这历史的笔法神化和传授对象的严格，应该说虞世南是幸运地得到了王羲之的基本笔法和基本要诀的。由于褚遂良自少年时期就受虞世南指教，能及时听到虞、欧教授楷法，并且与虞世南邀论书法；而虞世南又十分欣赏褚遂良，再加上与其父褚亮是朋友，虞世南有意栽培他、提携他，点化他那是经常的事。我们说，褚遂良是从虞世南处得到了一部分王羲之笔法的，所以才使褚遂良生发了对虞世南的敬重和对王羲之的渴望和追求。也正因为如此，在虞世南去世后，魏徵考虑唐太宗钟爱王羲之的心理需要，推荐褚遂良接替虞世南的重要角色，并立即得到了唐太宗的赏识。

由于职业和唐太宗的信任，褚遂良得到了观看和临写王羲之作品的机会。从他摹的《兰亭序》来看，他一方面想把自己纳入王羲之的书风中去，顽强地显露出他自己的趣味，另一方面却仍然保持了王羲之的原有风格。他自己的笔意和王羲之的字形在同一件作品中交相出现，轮流居于主导地位。

《褚临兰亭》有若干种传世。一为黄绢本，二为《唐人摹兰亭序墨迹三种》，其中一种亦传为褚遂良所摹。两书均有米芾等人跋语。另有一篇《褚摹兰亭序》，与前两种不同，帖后不仅有范仲淹题记，而米芾题跋亦与上述两种不同。米芾称："右米姓秘玩天下兰亭本第一，唐太宗获此书，命起居郎褚遂良检著于张彦远法书要录，此轴在苏氏题为褚遂良，抚观其意，易改为数字，真是褚法，皆率意落笔，余字句填，咸清润有秀气，……与真无异、非真知书者所不能到。世俗所收，乃是工人所作，正以此本

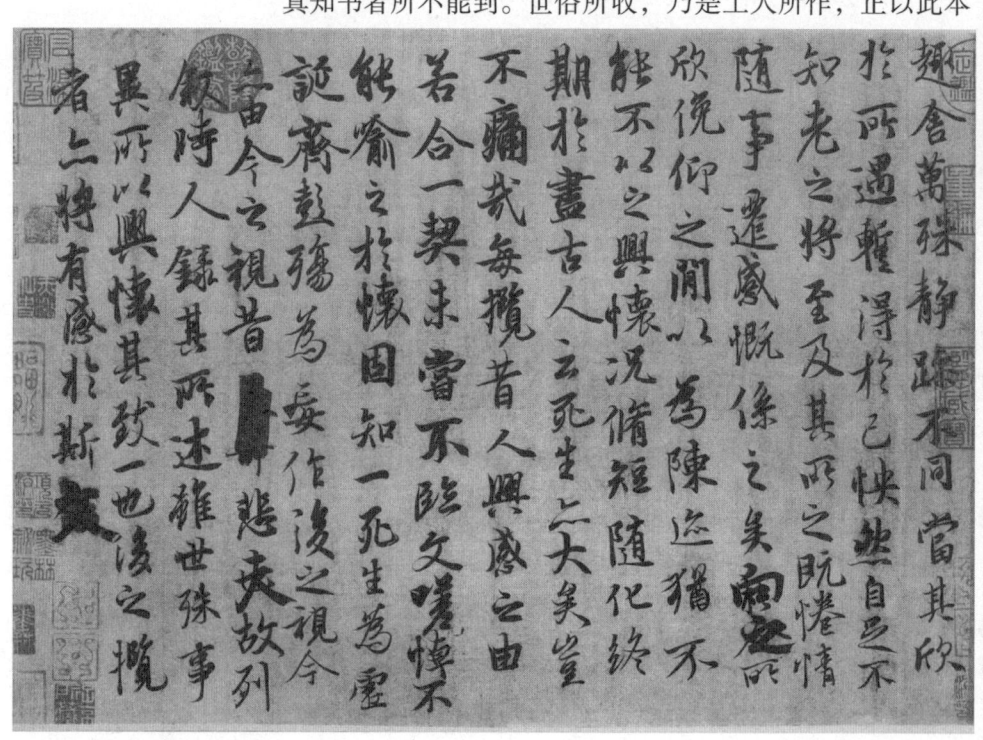

神龙本《兰亭序》（局部）

为定。"由此可知，米芾对此本是最为看重的。跋文最后，亦有米芾的长子米友仁的审定题记。还有原藏拓本正文第12行后，可能是裱工疏忽还是别的什么原因，漏掉了6行，约35字，现可据《褚摹兰亭》墨迹，将漏字剪辑翻阴补齐。

乾隆御刻《兰亭序》唐摹本，谓《兰亭八柱册》，虞世南摹本为第一本，褚遂良摹本为八柱第二本，故褚遂良此本称为《兰亭八柱第二》。此本为淡黄纸本，凡28行，每行字数不等，计309字。24厘米×88.5厘米。北京故宫博物院藏。此帖有乾隆题鉴并题识，后有米芾、范仲淹、王尧臣等题诗、题跋十数则。米芾题诗一首，见《宝晋英光集》，题为《题永徽中所抚兰亭序》，诗赞是帖。是帖纸墨淳古，神采照人，颂印累累，与黄绢本较之，显得更灵活自如。所谓"褚遂良所临用笔精熟，略不经意，然神气完密，风韵温雅，体格规矩，咄咄逼真，诚非他人所能到者。"也有人说它用笔精熟，风韵温雅，很好地捕捉了原本的精神风貌。是帖刊入《三希堂法帖》。也有人说在清

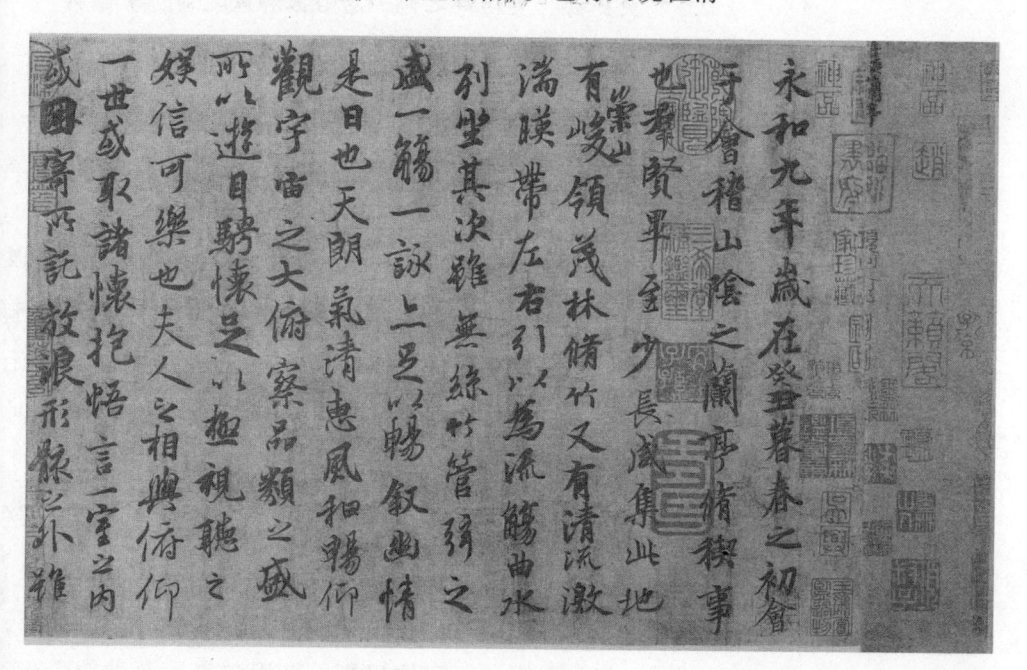

神龙本《兰亭序》（局部）

乾隆皇帝所钟爱的八本《兰亭序》摹本中，至少有两件是归于褚遂良名下的。

褚临兰亭的黄绢本，行书，28行，每行字数不一，共309个字。24.3厘米×70.3厘米（一说24.3厘米×43.5厘米）。有引首乃藏经纸本，20厘米×96.8厘米。又有拖尾一，纸本，24.8厘米×43.5厘米；拖尾二，纸本，28.7厘米×615.2厘米。前有米芾题鉴："褚河南临兰亭绢本真迹。"拖尾有米芾、莫是龙、王世贞、文嘉等题跋13则。现藏台湾故宫博物院，载于《故宫历代法书全集》（一），是帖又称《明王世贞藏本》。

从摹本来看，这是他成熟期的作品。褚遂良摹写的这件作品，引起了宋人米芾的极大兴趣，以至于在摹本上再三作跋：

> 虽临王书，全是褚法。其状若岩岩奇峰之峻，英英秾秀之华。翩翩自得，如飞举之仙；爽爽孤骞，类逸群之鹤；蕙若振和风之丽，雾露擢秋千之鲜，肃肃庆云之映霄，矫矫龙章之动彩；九奏万舞，鹓鹭充庭，锵玉鸣珰，窈窕合度，宜其拜章帝所留赏群贤也。

像这样评价古代书家，在米芾那里，除了褚遂良以外，是没有第二人的。米芾还进一步分析说："至于'永和'字，全其雅韵，'九觞'字备著其真标；'浪'字无异于书名，'由'字益彰其楷则……信百代之秀，规一时之清鉴也。

唐人摹右军禊帖，自汤普澈、冯承素、韩道政、赵模、诸葛贞等，其严整者必欧阳询，佻险者当属褚遂良。是帖翩翩秀逸，点画之间，多有异处。周天球跋是帖曰："冯、赵、欧阳辈，双钩填廓，良用逼真，而神韵索然，无复生意。此出河南之笔，结体去其似，用意率其真，所谓克肖右军，正不在点画间也。"此帖与褚临《兰亭八柱第二》相比，差异很大；与《兰亭》其他版本相比，可得出一个结论：即此帖是褚遂良"意临"之作，完全脱离了"母本"。这是褚遂良自己的《兰亭》，只是带有右军的神韵。李后主所谓的"得右军之意"恐怕就指的这种。褚遂良在临此帖时将"母本"中的通借字"领"字改作"嶺"，又将"次"字误写为三点水，似得意而"忘形"了！（也有学者认为是帖"领"字从山，系后人见伪刻本者所妄加）此帖与《兰亭八柱第二》无一字相同。古来善临书者往往不求细节，独追其神。的确，褚遂良的这个摹本，我们更多的是看到了他的"意临"部分，即属于褚遂良个人的审美趣味时常在其中闪现，有时甚至占了上风，充分地体现自己的笔法与意态。王世贞也看出了这一点："书法翩翩逸秀，点画之间有异趣，襄阳所称庆云丽霄、龙章动采，庶几近之。"虽然作为临书，难以表现自己的意志、性情，难以摆脱被临作品的规范，但是褚遂良控制笔墨点线的能力却在这里展露无遗。有学者认为此帖血脉流畅，神采飞扬，堪称褚遂良学习王羲之最为优秀的一件作品。黄绢本《褚摹兰亭》以意临著称于世。这只是他临习王羲之成熟后的一个片段。他之所以能有自己的笔意趣味，与王羲之的字形在一件作品中交相辉映，是因为在此件摹品面世之前，他已经大量地、持久地临习，并经历了由形似到神似，再到个人审美主张下的意临这样一个过程。在这个过程中不断学习、体验、积累起自己的信心和明确的艺术指向后，才出现了这《褚摹兰亭》的精彩定格。

　　从这篇《褚摹兰亭》字体上看，已从早年那种稚拙方正的气韵，变为典雅纤秀的风格。从褚字的变化中，我们可以看到魏晋至隋唐书法发展的轨迹，隶书古意逐渐消失，真书楷法日臻完善，粗犷朴野遂被精工秀雅所代替。所以说，初唐"欧""虞""褚"都是楷法的典范。褚书既不似欧书的险峻，也不似虞书的劲峭。他用笔灵活多变、风采动人。正如王世贞所说："《褚摹兰亭》笔法飞舞，神采奕奕，可想见右军真本风流，实为希代之宝。"明董其昌《画禅室随笔》："笔法飞舞，神采奕奕。"

综观这篇《褚临兰亭》，通篇清风习习，千姿百态，其疏瘦劲练，不减西汉铜筩等书，董逌在《广川书跋》里称"逸少所受书法，有谓多骨微肉者筋书，多肉微骨者墨猪，多力丰筋者圣，无力无筋者病。河南岂所谓瘦硬通神者耶？"褚书"瘦硬通神"，可谓一中肯评语。而唐李嗣真《书后品》讲："褚氏临写右军，亦为高足。丰艳雕刻，盛为当今所尚。但恨乏自然，功勤精悉耳。"在肯定的同时，又批评此帖的连带间显得有些做作，不够自然。但是，当法度的束缚稍稍松懈一些时，褚遂良自己的趣味就会涌出来，其意态超过了法度，这种精彩的东西尽管稍纵即逝，只是那么连续的两三个字，带着一种温柔洒脱之中沉思的、成熟的精神，充满着精妙的健康气息的温婉和洒脱之中的超越心境。这也是褚遂良临习王羲之书法的与众不同之处。

此外，唐太宗曾命褚遂良临摹《兰亭序》多本，分赐诸臣，有《洛阳宫本兰亭序》，此本称唐太宗赐高士廉者，首题"兰亭正本第十九，洛阳宫赐高士廉，贞观十二

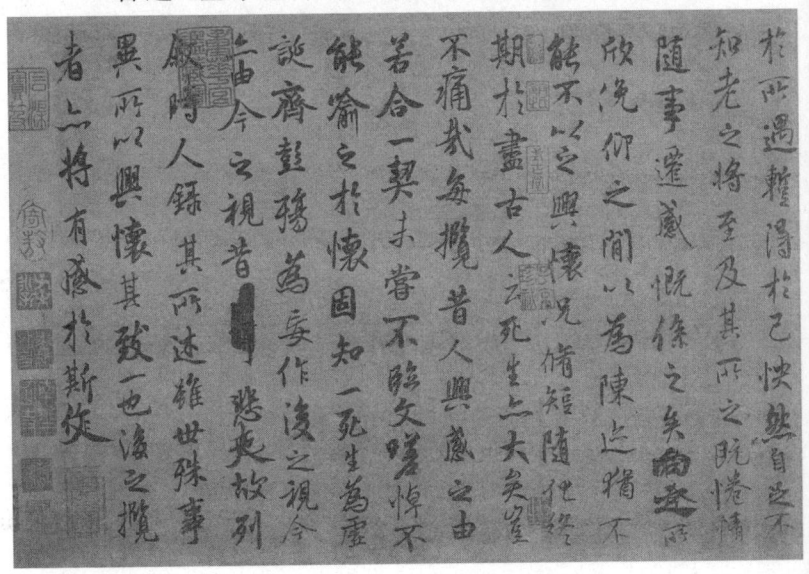

《褚摹兰亭序》（局部）

年（638）闰二月癸未书"，为褚遂良第十九次临摹本。另有《清梁章钜本》《明陈鉴本》等数种传世。自唐宋以来，传世的各种兰亭摹本、临本和刻本，除了武石本一系外，几乎都被指为褚摹。20世纪60年代影印的《兰亭墨迹汇编》中，《兰亭八柱第二本》《梁章钜本》《陈鉴本》《王世贞本》四种都称为褚摹；称为虞世南摹的《张金界本》，在《秋碧堂帖》中也称褚摹；称为《冯承素本》的，清人也往往以为褚摹。事实上，这些说法都没有确凿的根据。北宋时，米芾是精鉴晋唐书法的专家，就不承认有所谓的《褚摹兰亭》。他在《题兰亭》的诗中说："彦远记摹不记褚，《要录》班班纪名氏。后生有得苦求奇，寻购褚摹惊一世。寄言好事但赏玩，俗说纷纷那有是。"

大量被称为《褚摹兰亭》的摹本，虽然查无实据，却事出有因，或者说为什么历史上所有《兰亭》摹本大都指为褚摹：一是《兰亭序》是唐太宗酷爱的王羲之的杰作，褚遂良曾奉唐太宗之命，鉴定、整理过王羲之的墨迹；二是说明褚遂良对《兰亭》写得多，用功勤，得到的精髓最多；三是说明褚摹《兰亭》的境界非一日之功，而是有大量的过渡性作品，造就了这一精神乐章。

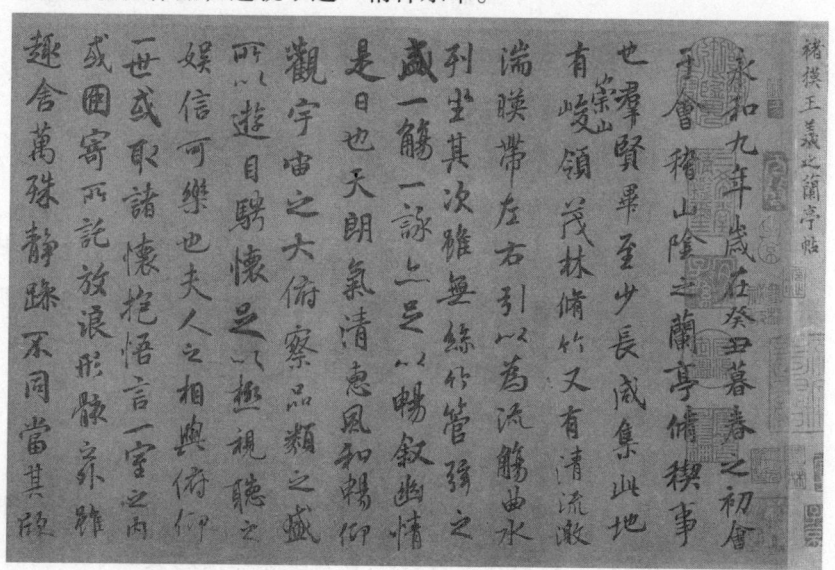

《褚摹兰亭序》（局部）

《褚遂良摹兰亭》释文：

永和九年，岁在癸丑，暮春之初，会于会稽山阴之兰亭，修禊事也。群贤毕至，少长咸集。此地有崇山峻岭，茂林修竹；又有清流激湍，映带左右，引以为流觞曲水，列坐其次。虽无丝竹管弦之盛，一觞一咏，亦足以畅叙幽情。是日也，天朗气青，惠风和畅，仰观宇宙之大，俯察品类之盛，所以游目骋怀，足以极视听之娱，信可乐也。

夫人之相与，俯仰一世，或取诸怀抱，晤言一室之内；或因寄所托，放浪形骸之外。虽趣舍万殊，静躁不同，当其欣于所遇，暂得于己，快然自足，不知老之将至。及其所之既倦，情随事迁，感慨系之矣。向之所欣，俯仰之间，以为陈迹，犹不能不以之兴怀。况修短随化，终期于尽。古人云："死生亦大矣。"岂不痛哉！

每览昔人兴感之由，若合一契。未尝不临文嗟悼，不能喻之于怀。固知一死生为虚诞。齐彭殇为妄作。后之视今，亦犹今之视昔。悲夫，故列叙时人，录其所述，虽世殊事异，所以兴怀，其致一也。后之览者，亦将有感于斯文。

褚遂良对王羲之行书的追摹不仅是《兰亭序》一帖，传褚临王羲之的《长风帖》《飞鸟帖》便是最好的证明。因为当时褚遂良主持检校王羲之书法时，亲手经历的有"右军书大凡二千二百九十纸，装为十三秩一百二十八卷。真书五十纸，一秩八卷。……行书二百四十纸，四秩四十卷。……草书二千纸，八秩八十卷……并金镂杂保装轴织成帙"。这么大量的右军书法，都经褚遂良之手，我们无法考据他临过多少，但是按照后人学书的方法和心理，只要能临到的一定都要临习。也许正是大量地临习右军之书，才造就了《褚摹兰亭》的成就和光彩，反过来又影响他临习提高其他书法的方法。

这里还需要指出的是：《旧唐书》本传称："天下争赍古书诣阙以献，当时莫能辨真伪，遂良备论所出，一无舛误。"后人认为《旧唐书》所谓"一无舛误"者，情同应制唱和，盖为奉承阿谀之论，难是事实。综观褚遂良的《右军书目》，正书列为第一的是《乐毅论》，萧梁时已疑为伪，不独梁武帝《答陶隐居书》认为"微粗健，恐非真迹"，而且陶弘景《与梁武帝论书启》也说："愚心近甚疑是摹，而不敢轻言，今旨以为非真，窃自信频涉有悟。"其列为第二、第三的是《黄庭经》和《东方朔画赞》，唐、宋人亦不敢苟同，徐浩《古迹论》称之为"伪迹不近真"；米芾《书史》称之为"恶札"。至于其他行草书，后人更有异议。张怀瓘《书估》视"二王"行书为下估，其《书断》评之更苛，称其草书"格律非高，功夫又少。虽圆润妍美，乃乏神气，无戈戟铦锐可畏，无物象生动可奇，是以劣于诸子"。又云："逸少草有女郎才，无丈夫气，不足贵也。"韩愈《石鼓歌》讥之为"俗书趁姿媚"。所有这些评价，并不是评者苛刻，而是王羲之的书法太珍贵、太高雅，并因之导致传世王书多见伪讹之故。鉴于此，有后人认为《旧唐书》所谓"一无舛误"有奉承阿谀之嫌，对褚遂良所编《右军书目》也多有质疑。真伪问题并不是我们这里讨论的重点，重点是我们从中可以窥得褚遂良对王羲之书法所见之多，所用功之勤，所体悟之多，是他人无法比拟的。同时作为中正之臣，也的确能体察唐太宗倡导王羲之的睿旨，"克俭克勤，伏膺《告誓》，锐思猗文"，遂悟入王羲之行法，以虚运实，化实入虚，形成既饶骨力，又丰神韵，瘦润华逸之风采。正因为褚遂良对王羲之行书下功夫之多、体悟之深，才引发了其代表作《雁塔圣教序》之灵动、飘逸和出神入化，矗立起中国书法史上的一座至高的丰碑。

第七章 《房玄龄碑》赏析

　　自贞观十二年（638），褚遂良迁为侍书以后，曾为唐太宗鉴定王羲之师法真迹，这样，他比任何书家更容易更广泛地接触到"二王"以及前人的名迹，更便于学到王羲之的神髓，有着得天独厚的优越性。这些书迹大都属于南派的书简之作（又称为帖），与他前期所作的"铭石之书"（又称为碑）在使用上属于两种不同的书风和书写形式。前者强调的是笔墨情趣和韵律感，具有很大的随意性；后者注重于平实端严，便于深刻，具有严肃的主题；其功用不同，艺术表现形式与作风也就自然各异。加上史陵的"疏瘦"和唐太宗对王羲之的极力推崇，均对褚遂良晚年书风的形成产生了极为深刻的影响。在他身上，我们可以清晰地看到，初唐书法由陈、隋遗风到对王羲之书法的继承，最终走向个性化的发展道路，其在继承上的广度和深度，在唐代书家中是屈指可数的。从他早期的两件作品上看，他基本是沿着陈、隋以来的"铭石之书"的旧格，写得平和稳健，追求的是骨法用笔的充实感和实在感，并以力取横势的隶书作风展示了与前人继承和发展的关系。也只有达到了这一点，褚遂良才有可能在其晚年表现出属于自己的艺术风格。最终，褚遂良以其独特的审美观和艺术风采，将这种强烈的笔墨情趣、左右映带的书简之风，淋漓尽致地表现在"铭石之书"上，给人以全新的艺术感受，这是褚遂良晚年书法的最大特点。楷书到了他的手里，才真正第一次使碑与帖得到了完美的融合，吟成了千古绝唱，由此开创了一个时代。

　　晚年的褚遂良，在书法上达到了一个至为高超的美的境界。如果把欧阳询、虞世南的楷书作品和褚遂良的作品放在一起，我们会明显地看到一种风格上的转变。显然是对笔法的追求，造成了这种转变。书法中楷书之有笔意的表现，当以褚遂良为最高。如果说，北碑体现了一种骨气之美，欧书体现出一种法度森严的理性之美，虞书体现的是一种温文尔雅的内敛之美的话，那么褚书则是体现了笔意丰盈的华彩之美。在欧阳询或虞世南那里，线条与笔法是为塑造字形服务的。而褚遂良则不然，他是一位具有唯美气息的大师，他对每一笔画，每一根线条，每一个点与转折的理解和处理，似乎都超出了字形以外，看来好像具有一种脱离了形体的独立意义，使点线变为一种抽象的美。

由欧阳询等人建立起来的严谨的楷书结构，在褚遂良的笔下，已经开始松动。这种松动并不是由于他功力不够，或者别的什么，而是他知道如何运用结构的疏密、用笔的疾缓来表现流动不居的情感。倘若我们将欧阳询推举为"结构大师"的话，褚遂良则是"线条大师"。清王世贞说："评书者谓河南如瑶台婵娟，不胜罗绮，第状其美丽之态耳。不知其一钩一捺有千钧之力，虽外拓取姿，而中撅有法。"亦把褚书之美归之于线条的功力。褚遂良何以称为"线条大师"？这是因为褚书的"锥画沙"的起伏运笔是伴随着运笔的速度变化、点画形态的势向变化、节律变化、笔力的顺逆运行变化、笔道的粗细和正侧力势变化、笔触及其行笔中变化以及行间气势变化而进行的，使得"锥画沙"的运笔渗入了极为丰富的内涵，这样，褚遂良的线条就具有了丰富的造美功

褚遂良《房玄龄碑》（局部）

能。褚遂良的线条充满生命，书家的生命意识也融入结构之中，而明显地体现了中国艺术美学中一个重要的审美范畴：飞动之美。

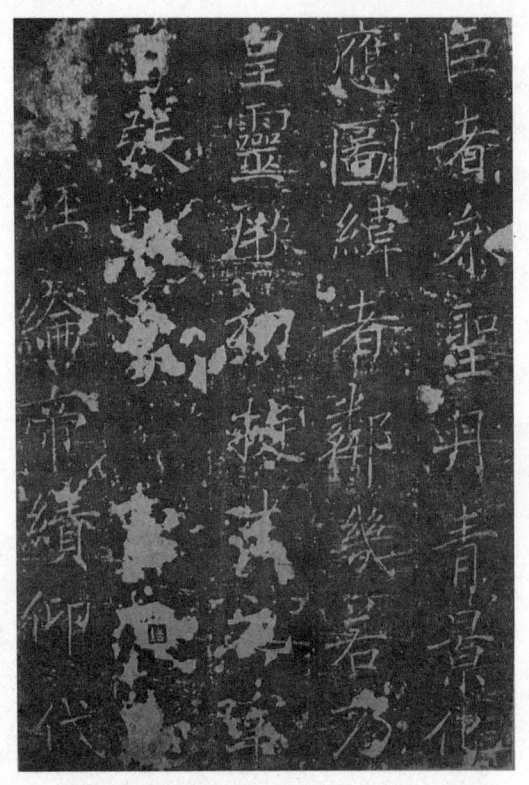

这种飞动之美来自于何处？显然，褚遂良比起欧阳询或虞世南都更富于艺术天赋，也就是说，在他的艺术化了的性格之中，更有一种智慧的流露。袁中道在《珂雪斋集》卷一《刘玄度集句诗序》中说："凡慧则流，流极而趣生焉。天下之趣，未有不自慧生也，山之玲珑而多态，水之涟漪而多姿，花之生动而多致，此皆天地间一种慧黠之气所成，故倍为人所珍玩。"在褚遂良的书法中，的确可以见到这样一种由"慧黠"而带出的流动之美和舞蹈之美。他在用笔时就像舞蹈家灵敏无比的脚尖，纵横自如、卷舒自如。在轻灵飞动的连续动作中，完成一个又一个美的造型。在褚遂良那细劲、遒婉的线条中，有一种神融笔畅似的适意，悠悠地流动于指腕之间，落实在点画之间，从而体现作者刚正、耿直的性格和满腹经纶的学识修养。

褚遂良《房玄龄碑》（局部）

蔡希综《法书论》对褚遂良的用笔做了如下的比喻：

> 仆尝闻褚河南用笔如印印泥，思其所以，久不悟。后因阅江岛平沙细地，令人欲书，复偶一利锋，便取书之，险劲明丽，天然媚好，方悟前志，此盖草、正用笔，悉欲令笔锋透过纸背，用笔如画沙印泥，则成功极致，自然其迹，可得齐于古人。

这种明净媚好却又沉着飞动，正是褚遂良用笔的最大特色。

随着人生阅历的丰富以及艺术个性和情感的变化，褚遂良最终抛弃了早期的那种风格，创造了一种更新、更令人振奋的艺术风格，《房玄龄碑》和《雁塔圣教序》的诞生，就是这一优美风格成熟的标志。

《房玄龄碑》，又称《赠太尉房玄龄碑》《房梁公碑》《太尉梁文昭公房玄龄碑》，全称《大唐故尚书左仆射司空太子太傅上柱国赠太尉并州都督梁文昭房公之碑》。此碑由唐高宗李治撰文，褚遂良书，永徽三年（652）七月立，碑连额高1丈2尺9寸，广5尺，36行，行约81字，原碑额阳文篆书"大唐故左仆射上柱国太尉梁文昭公碑"4行16字。连首385厘米×136厘米。此碑现在陕西礼泉昭陵，但磨泐严重，碑文2000余字，今仅存300余字。立碑年月与撰书衔名，在北宋已损坏。欧阳修的《集古录》判断该碑虽然欠缺，也不见书者和撰文者的名字，但从字体上看出自褚遂良之手。赵明诚的《金石录》卷二十四："右唐房玄龄碑，文字磨灭断续，不可考究。惟其姓名仅存其后，题'修国史河南公'，而名姓残缺者褚遂良也。"王昶考定此碑立于永徽三年。房玄龄死于贞观二十二年（648）七月，而贞观只有二十三年，所以也有人认为此碑当立于公元648—649年之间。

从碑文"今上……仍特降旨，许为制碑"可知，此碑是皇上批准同意立的，此碑原在陕西礼泉县昭陵乡刘东村东北处房玄龄墓前，为昭陵陪葬墓碑之一。自唐末宋元明至清末期，昭陵各碑在郊野农田，官府派人拓碑，多踩毁庄稼，故乡人把字凿毁，避免再拓；亦有拓碑者，为了使自己拓本居奇，拓后毁碑。因此，昭陵各碑大都凿毁。现存最旧拓本为宋贾似道藏本，亦为残本，为"临川四宝"之一，笔迹清晰的字有八百多个，后归成亲王并跋，清末归李在铦，民国初在赵尔巽家，民国流入日本，为中村不

褚遂良《房玄龄碑》（局部）

折氏收藏，也有说在川江落水。原宋本装裱烧毁又重装，传有印本。此拓本较清拓本少凿损三十个字，字口清晰，多显枯笔。

北京图书馆藏有明拓本，凡17开，每半开3行，行6字，每半开19.5厘米×10厘米。第四行"继"字上半稍损，第五行"都督"二字、第七行"从宾"之"从"字、第十一行"元帅"之"帅"字、第十四行"恩俄"二字、第十五行"御历"之"历"字、第十七行"射当"之"射"字皆未损。有题签"褚书房梁公碑、明拓本、固始张氏所收"，系张仁辅旧藏，尾附赵世骏题跋及印三方。

《房玄龄碑》写于《雁塔圣教序》前一年，所以和《雁塔圣教序》的书风相当接近，渐趋形成个人的风格与面貌，只是笔画线条较细瘦，细如游丝，劲若弯铁，可与《雁塔圣教序》媲美。与《雁塔圣教序》不同之处在于，笔画粗细变化较少而锋芒显露，劲多于逸，但刚劲灵飞的动态特色已显现出来了，而《雁塔圣教序》则是逸多于劲，多一种温婉，但各自有其妙处。这时的褚遂良书风已经明显地发生了变化，不仅与《伊阙佛龛碑》不同，就是与《孟法师碑》也大不一样。在书风上，此碑横画竖画均像百年的古藤，直中有曲，撇带钩，钩更强钩。戈钩如百钧的强弩，转折如壮士弯臂，骨动筋摇，笔锋随意。最明显的是横画已有左低右高的俯仰，竖画的努笔也明显地有向内凹而呈背势；隶书似的捺脚仍然存在，却增加了行书用笔，字势显得极为活泼。褚遂良的碑刻从这个时期开始，已经脱离了欧、虞的风范，树立了自己独特的书风，其书法中特有的婉媚多姿在此时已经定型，并进一步走向成熟，便是以此碑为标志的。

虽然大多数人认为《房玄龄碑》为褚遂良书中杰作，其书酷似《雁塔圣教序》，笔画瘦劲，韵格超绝。《清郭尚先芳坚馆题跋》评此帖用笔："飞动沉着，看似离纸一寸，实乃入木七分，而此碑构法尤精熟。""中书令此最明丽，而骨法却遒峻。"但对此，前人也有不同的看法，如清杨守敬《平碑记》："与《雁塔圣教序》相似而不及其厚重。"窦臮《述书赋》中说褚遂良的书法"浇漓后学"殆谓此等，然瘦劲异常，终不失大家风范。清梁𪩘《名人书画论》说："褚河南《房玄龄碑》字不如《雁塔圣教序》之清逸骀宕。"然而，反过来看，少一分姿媚却多一分拙朴，因此，《房玄龄碑》又有"褚书中第一"之称。梁章钜评此碑"古穆"在《雁塔圣教序》之上。按常理，此碑为已故丞相房玄龄所书，有一个严肃的主题，该写成早年两碑"铭石之书"。写成了现在样子，结果却诞生了千古杰作，这实在是一个创举。从主观上看，褚遂良曾深受史陵的影响，但史陵的字今已不存，其书风应接近于《龙藏寺碑》。再向更远追溯，则与汉《礼器碑》为一脉，均属于疏瘦刚劲的一路。如将《龙藏寺碑》写得流畅一点，华丽一点，就是褚遂良这一书风，只是前者为古质，后者为今妍。在书势上，这三碑均取横势，捺法均与隶书相通，尤其是与《礼器碑》相似，捺法的节奏和轻重均表现得比较夸张，起到了一个支撑全体和"峻拔一角"的作用。故从传统的书学上讲，学褚遂良晚年书，《礼器碑》是必学的，所谓"旁参汉魏，以强筋骨"。薛曜学的虽是褚遂良，然筋骨太露，已失丰润之

褚遂良《房玄龄碑》（局部）

姿而无肌肤之丽,实开了柳公权和宋徽宗的先河。加上在书写时,褚遂良更多地沉浸在叙述房玄龄一生忠烈的文辞中,忘乎于笔墨之工拙,任情恣性,笔势更为豪放,无拘无束。值得注意的是,宋拓孤本虽仅存八百余字,但明显有枯笔迹象的竟达四十余处,这在楷书的碑文中绝无仅有。笔画虽如游丝,但清雅劲峻,如铁线老藤,毫芒转折,曲尽其妙;又如春蚕吐丝,文章俱在。纵横牵制,八面生势,点画之间,充盈了一种刚正不阿的性格。但他的挺健并非直来直往,而是笔笔三过,呈现出丰富多彩的曲线之美,尤其是横、竖、钩、折,时时有温婉玉润、美丽多方的灵秀之气,有美人婵娟,铅华绰约之称。结体宽绰雅逸,朗洁清丽,如琴韵妙响于空林,余音袅袅,使人赏心悦目,表现出一代忠烈之臣温文尔雅的另一面情愫。

碑主房玄龄,齐州(济南市)临淄人,为唐初名相。李世民自太原入关中,房玄龄就成为李世民亲信,曾参与"玄武门之变",帮助李世民夺得帝位。李世民即位后,房玄龄长期为宰相之首,有关重大决策,他都是重要谋划者和执行者,与杜如晦并称"房谋杜断",为实现贞观之治做出了具有决定性的贡献。褚遂良非常敬重房玄龄,曾有一次房玄龄微遣归第,身为黄门侍郎的褚遂良上疏说:"君为元首,臣号股肱,龙跃云兴,不啸而集,苟有时来,千年朝暮。陛下昔在布衣,心怀拯溺,手提轻剑,仗义而起。平诸寇乱,皆自神功,文经之助,颇由辅翼。为臣之勤,玄龄为最。"给予房玄龄非常高的评价。房玄龄是褚遂良的恩公,为褚遂良所敬慕和爱戴,褚遂良奉敕制碑,表达了他对房玄龄的深深悼念。他以满腔虔诚和心血,追忆房玄龄,缅怀贞观之治,书写出了自己独特的内刚外柔的风貌。

从永徽元年(650)褚遂良被贬同州(今陕西大荔县),至永徽三年(652)被召回,同年书《房玄龄碑》,褚遂良的心情是复杂的,甚至是百感交集的。一方面,这时褚遂良在政治上达到了人生的顶峰，这一时期他的心情是最为放松、最为舒畅和愉快的。另一方面，因为褚遂良与房玄龄同在太宗朝共事多年，而且多方面得到了房玄龄的关照和眷顾，而今太宗不在了，房玄龄也不在了，自己被贬而又召回，成为孤身寂寞之人。所以，与前期所书的《伊阙佛龛碑》《孟法师碑》的情景大不相同，他对生命的理解，对世态的认识也大不相同。对人生的感悟，必将带来他对书法的变革，对人生认识的成熟，以及艺术风格的成熟。所以这时褚遂良能创作出《房玄龄碑》这样的杰作，这也许是大家公认《房玄龄碑》是褚遂良书法成熟之标志之关键所在吧。

褚遂良《房玄龄碑》（局部）

《房玄龄碑》释文：

……□□盖闻翊亮/天仪处师臣者/参圣丹青景化……说华灵诞震台/岳资神齐光合/峻□我天纲圣……□欎捴词雕焕/始发如纶俄成/壮观琁□总务……□□□门当鲁/馆邸照姬车卜/居□俭□□□……

第八章 《雁塔圣教序》赏析

褚遂良最著名、最成熟、最有代表性的作品,当属《雁塔圣教序》,亦称《三藏圣教序记》《雁塔圣教序记》《大唐三藏圣教序并记》《慈恩寺塔圣教序并记》《慈恩寺圣教序》,全称《大唐皇帝述三藏圣教序记》。此碑共有两块,立于永徽四年(653),正书,字约一寸。《序》书于十月,全称《大唐三藏圣教序》,李世民撰文,共21行,行42字,文见《全唐文》卷一〇,内容是表彰玄奘法师去印度取经,往返经历十七年,回长安后翻译佛教三藏要籍的情况,现敦煌出土初唐写经亦有此序;《记》书于十二月,李治撰文,20行,行40字,文见《全唐文》卷一五。褚遂良时年五十八岁,仅从两位皇帝亲自撰文这一点来看,褚遂良这时所具备的政治地位,该是无与伦比的了。

褚遂良《雁塔圣教序》(局部)

此碑记额为篆书《大唐三藏圣教序记》2行8字。214厘米×107厘米。后碑的字略大于前碑，两石分别镶嵌于西安慈恩寺内的大雁塔南墙左右。因连碑嵌于壁间，未受雨淋日晒的剥蚀，故至今基本完好，只是拓摹已久，只剩碑底，诸多用笔的细节已不复存在。此碑由当时名刻手万文韶刻，精细入微，兼得褚书形神。《记》文右行，这是因为《序》与《记》左右两石相对而立，书写碑记时，由左向右书写，故需相反方向阅读。历代捶拓只在每行末损泐，有漫漶字，故精拓本尚多，前后差别不多。唯因时避讳之别，对个别字之点画有剜挖、填补。

曾有宋拓本，为赵声伯（世骏）藏序，无记。第15行"波涛于海口"之"涛"字清晰无挖凿痕，每行最末字有损泐，细瘦磨灭，未剔粗，为未剜碑前拓本，此拓本已佚，有石印本。此本凡27开，页4行，行7字，每半开24.5厘米×14.3厘米，今藏日本高岛槐安氏。明初拓本在漫漶字处多明显剜过痕迹，如一明拓本，序第十六行末"圣"字似剜过，类"望"字。赵本"圣"字上半漫漶，下部有笔画，其他漫漶字全无剜痕迹。明末清初拓本，《序》第五行"凝玄"之"玄"字，第十行"玄奘"之"玄"字，凿损末点，"圣"字渐剜成"望"字，《记》第八行"上玄"之"玄"，第十行"地玄"之"玄"字，末笔凿损，是避康熙名玄烨之故。康熙前拓本则未凿末点。《记》第八行"而治八荒"之"治"、第十八行"润治"之"治"，均缺末笔，乃避唐高宗李治讳。但在明清拓本中，此二字"治"已挖填末笔，先挖细笔后剜粗。上海书画出版社、北京文物出版社有明拓影印本。

前人对此碑多有褒扬，现举例如下：

杨震方《碑帖叙录》说："此碑一出，褚书成为一时风尚；字体瘦劲而时兼行草，间用分隶，具有风神。"

张怀瓘评此书云："美女婵娟似不胜罗绮，铅华绰约，甚有余态。"

秦文锦亦评曰："褚登善书，貌如罗绮婵娟，神态铜柯铁干。此碑尤婉媚遒逸，波拂如游丝。万文韶能将转折微妙处——传出，摩勒之精，为有唐各碑之冠。"

汪砢玉《珊瑚网》："婉媚遒劲，波拂处蜿蜒如铁线。"

盛时泰《苍润轩碑跋》："《三藏圣教序》世传二本，余尝评之，以为王书如千狐聚裘，痕迹俱无；褚书如孤蚕吐丝，文章俱在。"又说："褚河南书在唐人中极为富艳。"又说："所谓瘦金书者，此其权舆也。"

王澍《虚舟题跋》评此碑："笔力瘦劲，如百岁枯藤，空明飞动，渣滓尽而清虚来，想其格韵超绝，真欲离纸一寸，如晴云挂空，仙人啸树，故自飘然不可攀仰。"又云："褚公书看似疏瘦，实则腴润，看似古淡，实则风华，盘郁顿挫，运笔都在空中，突然一落，偶然及纸，而字外之力，笔间之意，不可穷其端倪。"真是把此碑的面貌形容得惟妙惟肖。

包世臣《艺海双楫》："河南《圣教序记》其书右行，从左玩至右，则字字相迎；从右看至左，则笔笔相背。噫，知此斯可与言书矣。"

杨守敬《学书迩言》："褚河南《雁塔圣教序》，昔人称其如烟袅晴空，最善形状。而《书断》则云：'美女婵娟，不胜罗绮。'嗤为浇漓后学，为轻佻者痛下一针，然自是承学之误。"

郭尚先《芳坚馆题跋》中说："《慈恩圣教序记》及此最其用意书，飞动沉着，看似离纸一寸，实乃入木七分，而此碑构法尤精熟。"的确，无论是从用笔上还是从结构上来看，这都是褚遂良独出心裁的创造。每一点、一线、一笔，都注入了十足的精神。所以郭尚先又以为"中令书此最明丽而骨法却遒峻"。意间行草，疏瘦劲练，雍容婉畅，仪态万方，足具丰神。

沃兴华在《临书指南》一书中把此碑归为内曳一类的字体。一般来说，这一类书法的风格是雄奇角出（方笔显著），笔画往字心收，向四面伸展，字外空间较大线条劲挺。《张迁碑》也属于这一类字形（沃兴华把字分成内曳、外拓两类，即相向相背）。

《雁塔圣教序》对褚遂良来说，是其书法艺术成熟期的开花结果，相较于《伊阙佛龛记》和《孟法师碑》来说，具有飞跃灵动、妩媚华丽的韵致。此碑最有自家之法，在此褚遂良把虞、欧法融为一体，从气韵上看直追王羲之，但用笔、结字、圆润瘦劲之处却是褚法。《雁塔圣教序》字体清丽刚劲，笔法娴熟老成。褚遂良在书写此碑时已进入了老年，至此他已为新型的唐楷创出了一整套规范。在运笔上则采用方圆兼施，逆起逆止；横画竖入，竖画横起，首尾之间皆有起伏顿挫，提按使转以及回锋出锋也都有了一定的规矩。在字的结体上改变了欧、虞的长形字，创造了看似纤瘦，实则劲秀饱满的字体。其字体结构奔放优雅，在细致中见雄大，遒美瘦劲，超妙清俊的格调均在此展露无遗，不愧是终其一生书风登峰造极的旷世杰作。

褚遂良《雁塔圣教序》（局部）

《雁塔圣教序》运笔流利飞动、潇洒自如，犹入空灵之境，点画粗细变化明显，方圆有度，虽极细之点画也有血有肉，刚中见柔，极有韵味。结构则伸缩有据，舒展大方，俯仰之间情趣盎然。他那细劲的线条，不是因为没有能力表现朴厚，而是在质朴刚劲之后提炼出来的优美与洒脱。他甚至为了追求美而简化字面上的东西，把细节删减，以使重要特征格外显著。例如在《雁塔圣教序》中，他便保留并强调了粗壮有力的捺脚，以与其他细劲的笔画做鲜明的对比，而愈发显得笔势的壮硕与酣畅。但是，他的大部分继承者们却显然并没有领会到这一点，只取其瘦劲，而忽视了他的丰腴一面，而使丰富的表现力丧失殆尽。所以，在窦臮《述书赋》中说褚遂良的书法"浇漓后学"，正在于此。

杜甫有诗句云："书贵瘦硬方通神。"《雁塔圣教序》表现的正是这种"瘦硬通神"的审美趣味。它的线条虽然与隶书的丰厚不一样，但是，这却是褚遂良作品中隶书笔意最为浓厚的一件作品。宋人董逌《广川书跋》中敏锐地指出这一点："褚河南书本学逸少，而能自成家法，然疏瘦劲练，又似西汉，往往不减铜筒等书，故非后世所能及也。昔逸少所受书法，有谓多骨微肉者筋书，多肉微骨者墨猪；多力丰筋者圣，无力无筋者病。河南岂所谓瘦硬通神者邪？"他的用笔正是摒除了一切冗繁，而留下精华，在细劲中体现凛凛的风骨。

《雁塔圣教序》的书风和他学碑时期有明显变化，用笔藏锋逆入，一丝不苟、方圆兼施，笔画肥瘦互见、流利飞动，取弧势以增强笔力，参以"二王"行书笔法增加华美意蕴，相互间的动势呼应更加强烈，有意识地强调线条的曲线美和韵律美，风姿绰约动人。梁巘《评书帖》说："褚书提笔空，运笔灵，瘦硬清挺，自是绝品。"结字中宫敛紧，疏密有致，字形宽绰，四周舒展，章法完全是汉隶格式，字间大于行间，气韵直逼钟、王，而显褚家清逸。米友仁《跋〈雁塔圣教序〉》中说："褚书在唐贤名士中为秀颖，得王羲之之法最多者。真字有隶法，自成一家，非诸人可比肩。"可以说,《雁塔圣教序》是褚遂良个人书风确立的标志,用笔和结字都丰富多样,从方正向多种形式变化,融入"二王"笔意,摆脱欧、虞面目,形成自我。

此碑之所以成为最能体现和代表褚遂良风格的书法作品,归纳起来,主要表现在以下几个方面:

第一,创造了一个全新的艺术境界——古淡虚灵。对于此碑,王虚舟以一个"虚"和一个"淡"字评得至为恰当,这是从"境界说"这个最高层面上的概括性把握。王澍评此碑曰:"笔力瘦劲,如百岁枯藤,空明飞动,渣滓尽而清虚来,想其格韵超绝,真欲离纸一寸,如晴云挂空,仙人啸树,故自飘然不可攀仰。""渣滓尽而清虚来"是一种无粗取精、去陈得新的超越后的纯净。的确,我们从该碑中还多少看到魏、隋碑版的痕迹,但这痕迹是其新形态的基础要素之一,是完全提纯后的晶体。清幽空明,如万里长空一缕淡云,令人向往,令人心旷神怡,却不能及,观之岂能不净化人之心灵?王虚舟又说:"褚公书看似疏瘦,实则腴润,看似古淡,实则风华,盘郁顿挫,运笔都在空中,突然一落,偶然及纸,而字外之力,笔间之意,不可穷其端倪。"以古淡来表现风华,又是一个极致的难题,这正是褚遂良几多宦海沉浮后对人生、对世界的感悟和超越。对人生的感悟和超越,必然促进人生追求的生命符号之超越,本性的风华和外在形式的虚淡的统一,达到了书法艺术的至高境界。当然,人生的超越绝不会自然实现艺术的超越。此理又印证了褚遂良在书法艺术上高超的才华和一以贯之的艺术追求,以及他多方面的修养,还有他由技而进乎道的勤奋。

第二,创造了一套新的楷书笔法和语言。如果说《伊阙佛龛碑》是对魏、隋碑版的概括和总结,《孟法师碑》是对欧、虞的合用,而《雁塔圣教序》则是对前两者总结消化后的升华,尤其他的楷书线条由平直转为流动,笔画之间无一不顾盼,赋予了每个字以活泼劲拔的力量和生

褚遂良《雁塔圣教序》(局部)

命。如果说《伊阙佛龛碑》是大地上的村落,《孟法师碑》是大地上的城市,而《雁塔圣教序》的确如天上的玉皇宫,缥缈、神秘、游动而又华美、坚实。这种流动、缥缈来自于笔法的创新,除了主要的竖画以外,所有笔画都运用了行书的笔法,所谓"空中入纸",把运动这个所有生命和发展的原动力带进了笔、墨、纸之间,带进了无限的时间和空间之中,把对生命和美的意韵的理解注入了笔墨和时空之中,从而使所有笔画生长出新的面孔。这是一种真正大手笔的创造。如果说书法中楷书之有笔意的表现,当以褚遂良为最高。如果说北碑体现了一种骨气之美,欧阳询的书法体现了一种来自于严谨法度的理性美,虞世南的书法体现了一种温文尔雅的内敛之美的话,那么,褚遂良的书法却表现了一种来自于笔意的华美。在欧阳询或虞世南那里,线条与笔法是为塑造字形服务的,而褚遂良则不然。他是一位具有唯美气息的大师,他刻意地处理每一笔画、每一根线条、每一个点与每一个转折,而结果则是,这种刻意却超出了字形以外,看来好像具有一种脱离了形体的独立意义,使点、线变为一种抽象符号化的美。

可见由欧阳询等人建立起来的严谨的楷书结构，在褚遂良的笔下，已经开始松动。这种松动并不是由于他功力不够或者其他，而是他知道如何运用结构的疏密、用笔的疾缓来表现流动不居的情感。倘若我们将欧阳询推举为"结构大师"的话，褚遂良则是"线条大师"。他的线条充满生命，书家的生命意识就全部在线条的变化中流淌着、升华着。

这种楷法松动后的行书意味的笔法无疑来自于对王羲之的膜拜和追寻，来自于褚遂良之生命意识与无形中之线条的烛照与共鸣。我们从作品中会明显发现，不但其笔法以行书笔意为主，而且有许多字与《怀仁集王羲之行书圣教序》十分接近。如"分、胜、鄙、抑、遵、学、幼、怀、翘、起、寒、暑、邦、奇、追、花、莲、桂、识、括、夕、浮、游、久、含、在、流等，基本是王羲之行书的满写和略加规范，我们至今未见大量的褚遂良行书真迹，但我们据此相信，褚遂良在王羲之行书上曾达到过绚烂至极的程度。

《雁塔圣教序》用笔的灵活多变，结构的绰有余姿，特别是那些非常纤劲的笔画，必须要肘腕悬空才写得好。在执笔法中，手指和笔管的问题比较简单，只消遵守"指实掌虚"四字便行，至于手指间的距离，怎样钩住、怎样顶住，不必斤斤计较，争个你是我非，问题主要在于腕和肘。腕要灵活运动是无疑的，但若肘臂靠着桌面而不悬空，腕也就不可能充分灵活。一个书家要把他的"心画"——他头脑中构想的形象通过毛笔圆满地表现在平面上，非要有经过长期的锻炼而获得稳健的肘腕力量不可，舍此绝无二法。由稳健的肘腕力量才能得到初唐大家们的瘦硬，在《雁塔圣教序》中表现得尤为突出，雍容婉畅，仪态万方，足够"通神"了。王世贞说："评书者谓河南如瑶台婵娟，不胜罗绮，第状其美丽之态耳。不知其一钩一捺有千钧之力，虽外拓取姿，而中撅有法。"杨守敬也说："原书虽离纸一寸，实下笔千斤也。"这两家的说法都很正确。

《雁塔圣教序》丰富的笔法，并非褚遂良一人的变法，其实是真正的古法，是正法。一般讲书法知识的书上，都说起笔要藏锋，要逆入，如写一横画，起笔先向左，才开始右行，行笔必须笔毛平铺纸上，收笔回向左收。否则，点画便不能饱满有力。写小篆的人笔笔都用此法，为什么许多人写来还是软弱无力呢？中锋固然是对的，但侧锋也并非禁忌。这种藏锋中锋的正宗论，并不符合古代书法名作的实际。例如，王羲之的《丧乱帖》，很多人难以发现其中的侧锋相当多，特别是"痛贯心肝"那几个字，确是笔尖侧在一边疾速写成的。《雁塔圣教序》也确有明显的侧锋，并且很多笔画都不是挽圆圈的起笔收笔。因此，可以确认侧锋和不挽圆圈的笔法，同样是真正的古法、正法。打破一般的藏锋中锋的正宗论，认真研究和学习古代书法名作中丰富多样的笔法，是当代书法发展的重要课题。

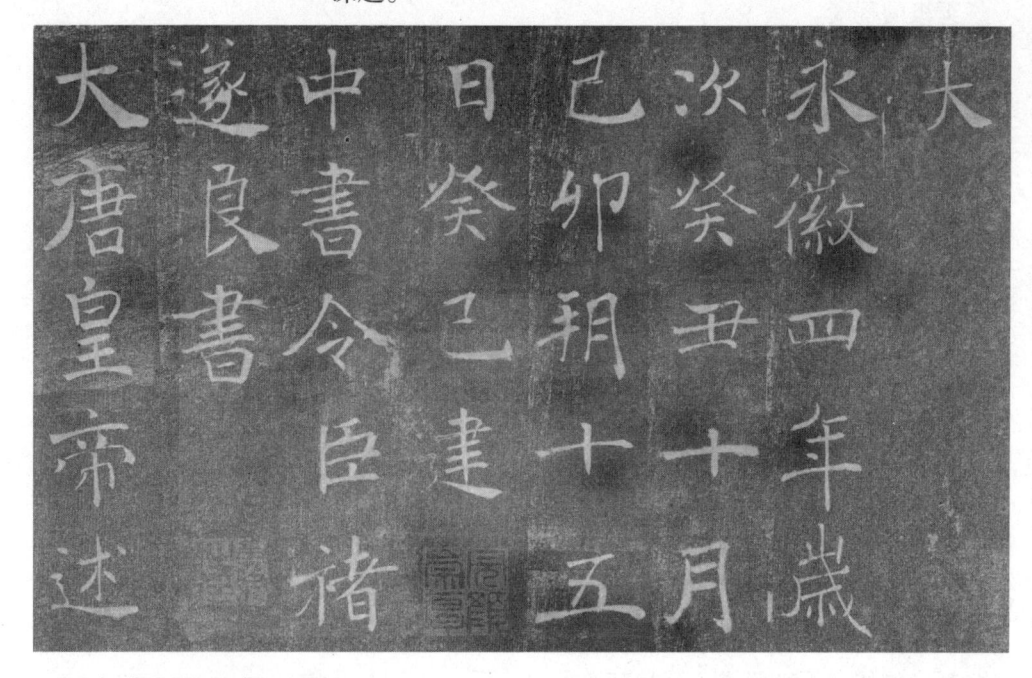

褚遂良《雁塔圣教序》（局部）

第三，创造了新的书法规范。褚遂良在笔法上的创造，使所有笔画都生出了新的面孔，形成了一套新的语言，这种系统语言，本身就是一种规范，更重要的是他创造了结构形式的规范。其特点有：①结体方正开张，一派大唐气象。《伊阙佛龛碑》是无序的，尚缺乏庄重和大唐气象。《孟法师碑》是生硬的，尚缺乏系统的整合与和谐。《雁塔圣教序》则是完全系统化、和谐化了，其方正严谨之中透出活泼和流动感。其开张之势，大气堂皇，为中唐颜真卿之雄浑开张奠定了基础。②有形有势，寓飞动于庄严之中。他的每一个字都舒展、端庄、气质高雅，而同时又都有一个姿势，一种运动感。从而昭示历史和后人，楷书不仅有形，还有姿态；不仅仅是站立，还有在站立的同时躯体动作的轻盈，以及欲动还停和欲立还行。这才是真正的楷书艺术，而不仅仅是正楷大字。③线条与结构相适应。他的书写线条瘦硬之中见腴润，其瘦硬轻盈使结构飞动起来，如云中飘游，而其方正开张的结构又容纳和发挥了其线条流动之优势。这就是线条与结构相适应的规律。符合这个规律便和谐，违背这个规律则混乱。反过来看，如果字形不是方正，而是瘦高，则难以飞扬和飘动；如果是偏长则缺乏大气和端庄。正像金农漆书，其每根横线都是一个矩形，其结构笔笔都是如楼房一样的建筑，这给予我们今天的书法艺术创造以极为实用的指导意义。

　　《雁塔圣教序》是褚遂良一生生活、仕途、命运和艺术追求的综合写照，有法而不拘泥于法，法为我用，化我为法，减法加情，寓情于法，情多于法，法服务于情。从此楷书，特别是唐楷，走进了艺术的殿堂。所以有人说唐人以降，所有专事于法者，皆是舍本追末也。

　　褚遂良的《雁塔圣教序》，可以看作是中国书法史上楷书发展里程碑式的作品：从钟繇、王羲之那微扁的带有明显隶书体的楷书；到北魏时期对楷书做出各种探索的绰约多姿；再到欧阳询对楷书做出的结构方面的贡献，与虞世南楷书中表现一种来自南方传统的文化品位；一直到褚遂良，从早年的稚拙方正脱化而出，然后进入用笔之美的深层，在表现他的华美笔意的同时，又恰当地掺入隶书笔意，以表现其高古意味，这是褚遂良在楷书中最为突出的贡献。《雁塔圣教序》是他最为得意与精心之作，因而也最能代表他的艺术风格。

自褚遂良《雁塔圣教序》出现，天下为之风行。因褚遂良曾极力反对立武则天为后，武则天对此耿耿于怀。故自褚遂良被贬，曾先后又另立了两块《圣教序》，以此同褚遂良所书相抗衡。一块为王行满所书，名为《招提寺圣教序》；自署立于显庆二年（657）十二月十五日，正书，凡28行，行56字，185厘米×92厘米。碑在河南偃师县。是碑书法，用笔端方绵密，易方为圆，绰有姿致。清刘熙载《书概》："褚书《伊阙佛龛碑》兼有欧虞之胜，至《慈恩圣教》或以王行满拟之。然王书虽缜密流动，终逊其逸气也。"另一块是怀仁和尚集王羲之书而成的名为《集王圣教序》。自署立于咸亨三年（672）十二月八日。行书，凡30行，行85或86字不等，额刻七佛像，350厘米×100厘米，碑在西安碑林博物馆。此碑首开"集王"风气，再现当时保存在内府及贵戚手中的王羲之书法风貌，故此碑刻成后，极为士林所重，特别是自《兰亭集序》随太宗的驾崩西归，《集王圣教序》竟成为后世临摹王羲之的不二之选。《集王圣教序》书法如千狐之裘而无痕迹，《雁塔圣教序》书法如孤蚕吐丝大有文章。

另外，在褚遂良任过职的同州（今陕西大荔县），在他死后的第五年（663），重新摹刻了他的《雁塔圣教序》（世称《同州圣教序》），以此寄托天下普通人民对他的深深怀念，对他的道德品行和精湛的艺术才华的崇高敬仰。《同州圣教序》笔画刚劲，风貌稍异。《同州圣教序》骨多，《雁塔圣教序》韵多，这是二者的不同特征。梁启超说："书原本极佳，但与雁塔相比，一个如游丝缥缈，一

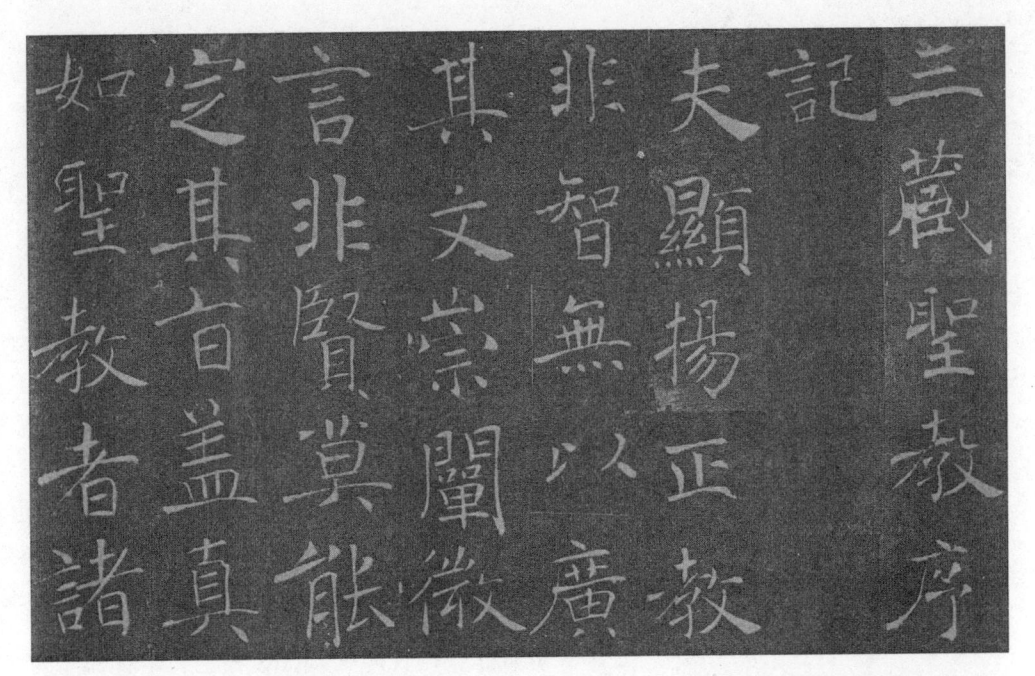

褚遂良《雁塔圣教序》(局部)

个如繁英凝艳;一个似藐姑射山的仙人餐风嚼雪,一个似命妇的琼琚玉佩。品格当然有差异。"

《雁塔圣教序》从书风上讲,与《房玄龄碑》是比较接近的,只是因所书的时间和对象的不同,所表现出来的艺术趣味和时间感的暗示性各有异趣。《房玄龄碑》是为已故丞相所书,褚遂良虽比房玄龄低一辈,然感情笃深,临碑作书,充满了一种情感的冲动,也很少有顾虑,故势随情生,法因势生,节奏极为明快,枯笔由此而生。《雁塔圣教序》则为御制文字,深感圣恩,故下笔较为小心谨慎,笔笔写来,志气平和、不激不厉、神情清远,所谓"字里金生,行间玉润,法则温雅,美丽多方",清远萧散、疏瘦劲练、容夷婉畅、铅华绰约,尤其是《记》,写得更为灵动劲逸。

《雁塔圣教序》释文:

大唐三藏圣教序,太宗文皇帝制。

盖闻二仪有象,显复载以含生。四时无形,潜寒暑以化物。是以窥天鉴地,庸愚皆识其端。

明阴洞阳，贤哲罕穷其数。然而天地苞乎阴阳而易识者，以其有象也。阴阳处乎天地而难穷者，以其无形也。故知象显而征，虽愚不惑；形潜莫睹，在智犹迷。况乎佛道崇虚，乘幽控寂；弘济万品，典御十方。举威灵而无上，抑神力而无下。大之则弥于宇宙，细之则摄于毫厘。无灭无生，历千劫而不古；若隐若显，运百福而长今。妙道凝玄，遵之莫知其际，法流湛寂，挹之则莫测其源。故知蠢蠢凡愚，区区庸鄙，投其旨趣，能无疑惑者哉！然则大教之兴，基乎西土。腾汉庭而皎梦，照东域而流慈。昔者分形分迹之时，言未驰而成化。当常现常之世，人仰德而知遵。及乎晦影归真，迁仪越世。金容掩色，不镜三千之光；丽象开图，空端四八之相。于是微言广被，拯含类于三途；遗训遐宣，导群生于十地。然而真教难仰，莫能一其指归；曲学易遵，邪正于焉纷纠。所以空有之论，或习俗而是非；大小之乘，乍沿时而隆替。有玄奘法师者，法门之领袖也。幼怀贞敏，早悟三空之心；长契神情，先苞四忍之行。松风水月，未足比其清华；仙露明珠，讵能方其朗润。故以智通无累，神测未形。超六尘而迥出，只千古而无对。凝心内境，悲正法之陵迟；栖虑玄门，慨深文之讹谬。思欲分条析理，广彼前闻，截伪续真，开兹后学。是以翘心净土，往游西域。乘危远迈，杖策孤征。积雪晨飞，途闻失地。惊砂夕起，空外迷天。万里山川，拨云霞而进影；百重寒暑，蹑霜雨而前踪。诚重劳轻，求深愿达。周游西宇，十有七年。穷历道邦，询求正教。双林八水，味道餐风。鹿苑鹫峰，瞻奇仰异。承至言于先圣，受真教于上贤。探赜妙门，精穷奥业。一乘五律之道，驰骤于心田；八藏三箧之文，波涛于口海。爰自所历之国，总将三藏要文，凡六百五十七部。译布中夏，宣扬胜业。引慈云于西极，注法雨于东垂。圣教缺而复全，苍生罪而还福。湿火宅之干焰，共拨迷途；朗爱水之昏波，同臻彼岸。是知恶因业坠，善以缘升。升坠之端，惟人所托。譬夫桂生高岭，云露方得泫其花；莲出渌波，飞尘不能污其叶，非莲性自洁，而桂质本贞，良由所附者高，则微物不能累；所凭者净，则浊类不能沾。夫以卉木无知，犹资善而成善，况乎人伦有识，不缘庆而求庆？方翼兹经流施，将日月而无穷，斯福遐敷，与乾坤而永大。

永徽四年，岁次癸丑十月己卯朔十五日癸巳建

　　中书令臣褚遂良书

《大唐皇帝述三藏圣教序》记：

　　夫显扬正教，非智无以广其文；崇阐微言，非贤莫能定其旨。盖真如圣教者，诸法之玄宗，众经之轨躅也。综括宏远，奥旨遐深。极空有之精微，体生灭之机要。词茂道旷，寻之者不究其源；文显义幽，理之者莫测其际。故知圣慈所被，业无善而不臻；妙化所敷，缘无恶而不翦。开法网之纲纪，弘六度之正教；拯群有之涂炭，启三藏之秘扃。是以名无翼而长飞，道无根而永固。道名流庆，历遂古而镇常；赴感应身，经尘劫而不朽。晨钟夕梵，交二音于鹫峰；慧日法流，转双轮于鹿菀。排空宝盖，接翔云而共飞；庄野春林，与天花而合彩。伏惟皇帝陛下。上玄资福，垂拱而治八荒；德被黔黎，敛衽而朝万

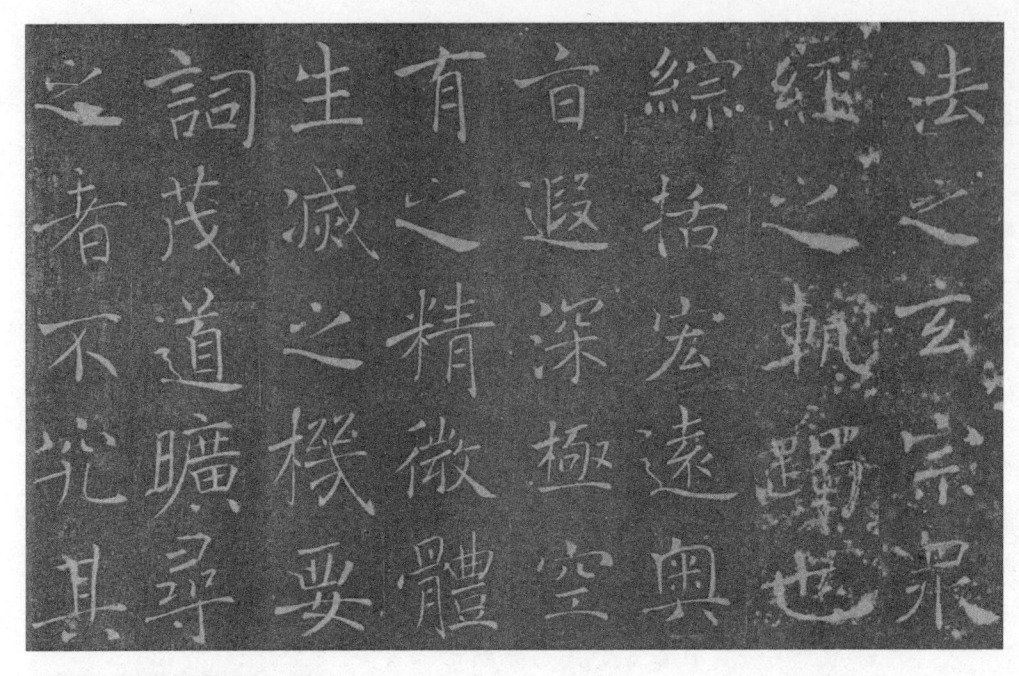

褚遂良《雁塔圣教序》(局部)

国。恩加朽骨，石室归贝叶之文；泽及昆虫，金匮流梵说之偈。遂使阿耨达水，通神甸之八川；耆阇崛山，接嵩华之翠岭。窃以法性凝寂，靡归心而不通；智地玄奥，感恳诚而遂显，岂谓重昏之夜，烛慧炬之光？火宅之朝降法雨之泽。于是百川异流同会（汇）于海，万区分义总成乎实，岂与汤武校其优劣，尧舜比其圣德者哉？玄奘法师者，夙怀聪令，立志夷简，神清龆龀之年，体拔浮华之世，凝情定室，匿迹幽岩，栖息三禅，巡游十地，超六尘之境，独步伽维；会一乘之旨，随机化物。以中华之无质，寻印度之真文。远涉恒河，终期满字，频登雪岭，更获半珠。问道往还，十有七载。备通释典，利物为心。以贞观十九年九月六日，奉敕于弘福寺，翻译圣教要文，凡六百五十七部。引大海之法流，洗尘劳而不竭；传智灯之长焰，皎幽暗而恒明。自非久植胜缘，何以显扬斯旨。所谓法相常住，齐三光之明。我皇福臻，同二仪之固。伏见御制，众经论

褚遂良《雁塔圣教序》（局部）

序，照古腾今。理含金石之声，文抱风云之润。治辄以轻尘足岳，坠露添流，略举大纲，以为斯记。皇帝在春宫日制此文。

永徽四年，岁次癸丑十二月戊寅朔十日丁亥建

尚书右仆射上柱国河南郡开国公臣褚遂良书

万文韶刻字

从褚遂良晚年的作品中，可体会到如下特点：

第一，将书简之作的作风融入"铭石之书"中，使楷书的笔法、笔势和结构等方面获得最大程度的解放，开辟了行法楷书的新天地。这样，就将楷书直接同行书构成了内在的联系。也就是说，如果将楷书点画写得活泼一点，并简化偏旁部首和某些笔画，上下字带动一下，便能直接写成行书。就这一点而言，褚遂良在所有的楷书中占有最大的优势，为后人学习书法开辟了新的门径。这也对后世在艺术审美上对"逸品"的重视和提倡，在创作上提供了

成熟的艺术形式,其影响是深远的。

第二,在创作上,褚遂良采取了以势生势、以势生法、以势立形,在增强了点画之间的贯穿和联系的同时,突出了点画之间的流动感和韵律,强调笔笔能达其意而运之,贵在其中有物,其中有韵,达意生变,迹存其情,并且一笔数字,一气呵成,充分显现了书法中"无声之音"的艺术特征,故写到劲疾处出现枯笔,也就是很自然的事了,所谓"带燥方润,将浓遂枯"(《书谱》)。正因为如此,其用笔八面出锋,八面生势,左右映带,穷尽变化。这样,即使骨法用笔的技巧予以明朗化,又增强了点画用笔的生动性和丰富性,使笔触更明显地蕴涵着抒情的色彩,故有唐代书法的集大成者之称。

第三,疏瘦,但疏得朗洁,瘦而不薄。其原因有三:①行笔时采用平面运动和深度(提按)相结合的方式,即颜真卿所谓"屋漏痕",在曲折波动之中,获得了一种古藤似的坚韧不拔的审美意象,增强了笔触的深度意味;②充分发挥长锋笔的优势,用中锋即刻入纸重按至八分,笔画的粗细与笔的直径相对应。这样,既能加强运笔时的力度,又能使点画紧结厚实,这既是褚遂良用笔极重要的特点,也是学褚遂良的最基本的要点;③在书势上,采用隶法,力取横势,尤其是捺法,与《礼器碑》相通。从而使整个字在书势上得到了一个强有力的支撑,达到了"峻拔一角"的艺术目的。当然,这种隶法只是总体气格上的,而不是技法的累加,主要是为了表现书势上的宽博而横向飞动的艺术感染力。

第九章 《倪宽赞》和《大字阴符经》赏析

　　还有两件墨迹也颇能体现褚遂良的优美风格。一是楷书《倪宽赞》。就文字内容来说，这是个讹传已久的名称，应该叫《汉书·公孙弘·卜式·倪宽传赞》。此墨迹传为褚遂良书，年月无考。此帖为白麻纸卷墨迹本，素笺乌丝栏墨迹书，纵25.6厘米，横576厘米。此卷墨迹原藏北京故宫，现藏台北故宫博物院。据《石渠宝笈》载：帖高7寸7分，横5尺2寸7分，字共50行，满行7字，末行3字，共345字。卷后有赵孟坚、邓文原、柳贯、杨士奇、钱溥等人跋记。钤有"杨士奇氏""韩逢禧印""陈定书印""乾隆""嘉庆""宣统御览之宝""梁清标印"等鉴藏印记。曾经为明杨士奇、韩贤良，清梁清标及清内府等收藏。此卷摹刻见于《郁冈斋帖》《滋蕙堂》《三希堂》等，《东图玄览编》《清河书画舫》《续书画题跋记》《珊瑚网》《平生壮观》等均有著录。北京故宫博物院、上海书画出版社《正书》有影印本。

　　《倪宽赞》虽然肯定为褚书的人较多，但也有认为是宋人临本的。对它的作者是否为褚遂良持否定观点的主要有当代著名书画鉴定家徐邦达，元代柳贯也持怀疑态度。就书法艺术而言，此卷水平较高，秀美明净、平和优雅，用笔和结字都是褚法。但若与可靠的褚书各碑对比，便暴露出明显的缺陷，用笔变化不多，转折与收笔少方棱而呈圆势，结构过分平顺，缺少欹正相生之趣，因而不似褚书诸碑的峻拔精劲，丧失了初唐书法所存留的六朝古意。从文字内容上看，也有疑点。"曩时版筑饭牛之明已"的

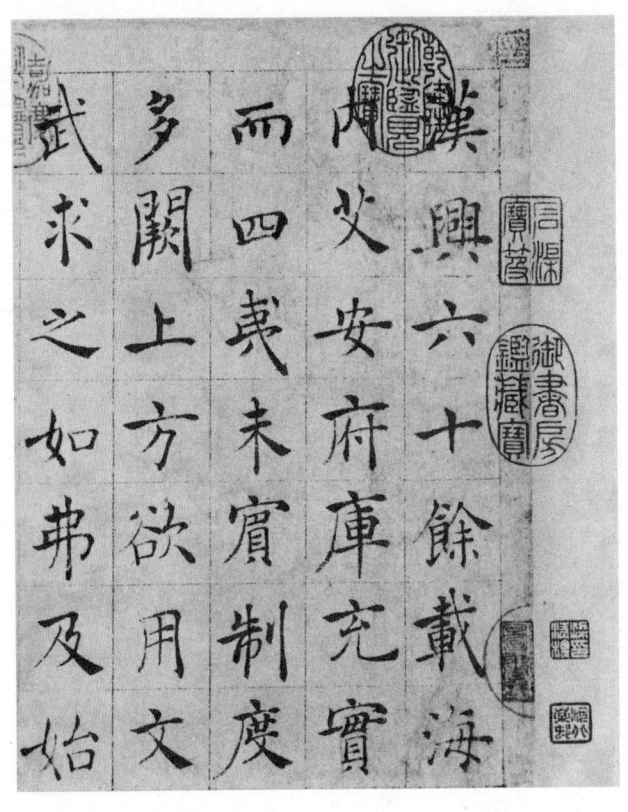

褚遂良《倪宽赞》（局部）

"明"应作"朋"。《汉书·公孙弘·卜式·倪宽传赞》并不是一篇生僻的文章，博涉文史的褚遂良奉敕书写而沿用俗本误作是不可能的。欧阳询主编的《艺文类聚》卷四五引作"朋"。帖尾署款"臣褚遂良书"，文中"旧"字误作"奋"字，"将相则张安世"句脱"则"字，侧书于"相"字下。"弘"字刮去，此由于宋之国讳，为宋人所刮，然唐太宗李世民和高宗李治之讳字不缺笔，故难断定为真迹。元柳贯跋云："褚河南《倪宽赞》，正书，三百四十字，中刮去五字，宋国讳也。河南书岂待《赞》而显？子固所谓容夷婉畅者，殆得之矣。"可谓语简识卓，实际上指出了此卷为伪托褚书而艺术上确有成就。也有许多学者认为《倪宽赞》为褚遂良所书的墨迹，宋赵孟坚说是"河南晚年书"，明董其昌"确信为褚遂良书"，当代沈尹默认为非褚遂良不能等等。对唐太宗李世民之"民"字，以及唐高宗李治之"治"字，皆不避讳。陈垣《史讳举例》研究，唐代书法中避讳缺笔的，最早见于唐高宗乾封元年（666），时褚遂良已死去六七年。一些贞观年间名作也有不避讳的：褚遂良《孟法师碑》数处有"世"，欧阳询《虞恭公碑》《皇甫君碑》也数处有"民""世"等。《旧唐书·太宗上》有记载："依礼，二名不偏讳。近代已（以）来，两字兼避，废阙已多，率意而行。有违经典。其官号、人名、公私文籍，有'世民'两字不连续者，并不须讳。"可见，唐太宗时期避讳仅及"世民"二字相连者，单独的"世"

"民"均不避讳。从这个角度上来看，褚遂良不避皇帝名讳，是符合当时的常规的。就其笔法的精美性、褚法特点的精熟性、结构特点的时代性、阶段性，神采风韵的灵动性，隐约可见《雁塔圣教序》的艺术神貌等，很可能是比《雁塔圣教序》稍前的褚氏晚年作品，在褚遂良笔法系统完成之际的时代是很难由他人来产生此褚法真迹的。

组成《倪宽赞》最基本的艺术细胞就是富有变化内涵的，对欧、虞平和特征有很大发展的线条。这件墨迹用笔富于变化、气均力匀；在处处表现运锋着实的同时，也往往参用轻盈飘洒、灵活自然的笔墨。起笔轻捷、收笔沉着，主要笔画适当地伸展，给人以笔势翩翩、潇洒大方、平和优雅、神爽超迈的感觉。笔法瘦硬挺劲、结字宽博、章法疏朗、气息古雅。在横画上，褚遂良已经开启了颜真卿楷书的横画处理方式，即起笔颇重，再提笔轻过，然后结尾时又顿笔收锋；甚至他的钩也给了颜真卿以灵感，在稍稍一顿的瞬间，再轻轻提出。褚遂良总结了前人的运笔特点，大胆引进篆书之玉筋笔法，隶书之疏瘦而有波磔的西汉笔法及魏晋风骨神质，以其"外拓取姿""中撅有法"的拓展舒畅的造势变化，造就了点画形态及联系，线条内涵，结势等变化的丰富多彩。褚遂良的用笔名言"如锥画沙"在此表现得相当深刻。初唐以前的用笔虽讲中锋，但笔道内涵走向单一、匀速少变，中锋主要为得力计，故点画虽饱满但显得有平和之态，线条内缺乏节律变化，线条内涵的造美功能还没有进行自觉开发，而《倪宽赞》通篇线条除均有立体感外，其细处如筋如脉灵性流动，其壮处如肌如腱雄强丰腴，转折之处亦如熔液凝转，置于形体内各显不同意象风韵，明显地体现出褚书的运笔内涵已对线条内涵的造美特质进行了自觉开发。颜真卿被后人称为能够变法出新貌，实际上，唐代楷书的变法始于褚遂良。

宋赵孟坚跋："此《倪宽赞》与《房碑记序》用笔同，晚年书也。容夷婉畅，如得道之士，世尘不能一毫婴之。观之自鄙束缚于豪楮间耳。"赵孟頫亦说："褚《倪宽赞》，容夷婉畅，如得道之士，世尘不能一毫婴之。观之自鄙束缚于毫楮间耳。"可见，"容夷婉畅"，是此帖的最大特色。

明人王偶《虚舟集》评此帖说："其自书乃独得右军之微意，评者谓其字里金生，行间玉润，变化开合，一本右军。其诸帖中《西升经》是学《黄庭》，《度人经》学《洛神》，《阴符》学《画像》。《湖州独孤府君碑》《越州右军祠记》《同州雁塔两圣教序记》是其自家之法。世传《兰亭》诸本亦与率更不类，盖亦多出自家机轴故也。今永新文学邓仲经甫所藏《倪宽赞》正与《兰亭》《圣教序记》诸帖相似，笔意婉美，似瘠而腴，似柔而刚，至于三过三折之妙，时加之意，诚褚法也！"文中所谓"字里金生，行间玉润"，"三过三折之妙"，言简意赅地指出了优美的褚遂良书风。

明胡俨云："河南博雅通识，工篆隶法则高古，今观褚公所书《倪宽赞》益信。"又云："此书《倪宽赞》，瑶台青琐，春林、罗绮之喻不虚也。而刚方正直之气溢于翰墨之间，诚类其为人。千载之下，其流风余韵即此，可想见矣。"

明安世凤《墨林快事》云："此《赞》用意细贴，运笔轻活，而一种老成犹自不可及，盖褚书中之最合作者。"

明王世贞评褚书曰："一钩一捺有千钧之力，虽外拓取姿，而中擪有法。"由墨迹观之，尤为明显。作为初唐书法，不能不具时代的特征，或学钟繇之

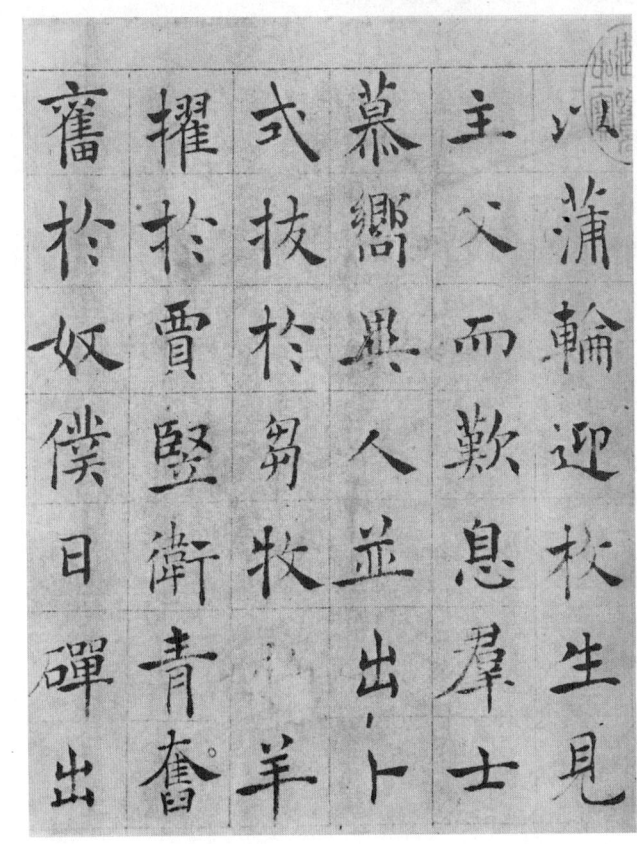

褚遂良《倪宽赞》（局部）

体而古雅，或师逸少之法而瘦劲。无怪苏轼说："清远萧洒，微杂隶体。"胡广说："观《倪宽赞》笔势翩翩，神爽超越，大胜《家侄帖》诸刻，诚可为希世之玩也。"吴宽也说："书家谓作真字能寓篆隶法则高古，今观褚公所书《倪宽赞》益信。"

前人之述，虽然对其作为褚遂良真迹的可靠程度看法不一，但对其艺术价值和所表现出来的褚遂良风格，古往今来都是赞赏和肯定的。因而对于今人学习、临摹，从中吸收艺术营养，是有价值的，而且现代人正在学习、临摹之中。

褚遂良《倪宽赞》（局部）

从《倪宽赞》所透露的总体艺术风格讲，可以隐约体味到晋代姿仪雅丽的神韵，缥缈似仙的灵气造化，却又看到分明是从与晋代不同品格的唐代墨韵中飘逸出来，又似乎感觉到柔美中见刚韧气质的汉魏碑刻的底蕴，北碑的外强内刚却在褚书中被披上绮丽的外衣，又掩不住内刚的这种骨气，更明显地感受到隋代与欧、虞造型，以及严谨造势的绰影，却在这婀娜多姿的作品中另成一番天地；在纤细线条的流美中又似乎体味到篆隶玉筋的神韵在唐楷中油然波动。这种种艺术感受使人审美意识得到了升华，这是集众美于一身，融诸优于一体的"这一个"褚遂良的杰作。具体地讲，此帖的艺术特点有三个方面：

第一，境界古雅，容夷婉畅。此帖与《雁塔圣教序》在总体气息上和境界上有相同之处，清雅健丽、朗润流畅、笔势飞动、结体平整、不激不厉，一派晋人风韵。尤其能以细腻的笔法、平和的字形、似瘠而腴的线条,以及疏朗轻松的局部,呈现给人一种容夷婉畅的独特气息和韵致。在保持着高雅古典的气质中,显得十分华美而平易近人,可以说是极易为楷书初学者所钟爱,的确是适合初学者临习的一个规范。

第二,线条自然流畅,凝重而活泼。说此帖是褚遂良真迹,最典型的一点是其线条非常接近《雁塔圣教序》。《雁塔圣教序》最成功的一面,是以王羲之的行书笔法来写楷书,此帖亦然。此帖所有笔法都是完整的楷书,但同时又都有行书之笔意,其所有起笔处,除竖画保持较明显的逆入之外,其他笔画都是直接凌空入笔。除了长横和垂露有收笔之外,其他笔画都是自然出锋。这都是典型的行书笔法。这样一来,才使得楷书有了笔性,有了生命的意味,有了神采。由于此帖是墨迹,比较完整地展示出其线条的速度变化和自然灵动的特色,又让我们完整地体验和看到其线条的凝重之感,确如前人所述"似瘦硬而实腴润"。其横折钩的凝厚与撇画、短横的轻活飞动,相辅相成地构建出其高古典雅的境界。其用笔的简约、直接和走笔过程的一目了然,对我们认识、理解并临摹、掌握,具有明显的引导作用。从这一点说,也是初学者临摹学习起来比较容易的。

第三,结体方正、平中求奇。此帖结体上取长方形,这一点与《雁塔圣教序》有很大的区别。从褚遂良的书法历程看,在结体上更接近其《孟法师碑》。如果此碑是真迹的话,应该是在《孟法师碑》之后的作品。我们不难看出其结体仍然受到欧阳询较多的影响,基本上呈长方形。但其可贵之处在于平整之中求变化:一是靠线条的粗细对比求变化,使得每个字方正而不呆板,比如其横画,尤其短横,还有撇画,轻细而飞动,字中竖画、点画、捺画则凝厚含蓄,从而大大加强了整体的对比因素,增加了灵动感和丰富性;二是靠呼应求变化。有许多字的点画呼应最为明显,甚至有的点画之间有了轻松的映带。再加上一些收放的变化,造就了方正中的灵动和神采飞扬的形象。

但是此帖与《雁塔圣教序》相比也有明显的不足,其一是结体的长方形限制了其舒展和飘逸;其二是有不少笔画,特别是竖画和竖钩多有雷同。

《倪宽赞》释文:

  汉兴六十余载,海内艾安,府库充实。而四夷未宾,制度多阙。上方欲用文武,求之如弗及。始以蒲轮迎枚生,见主父而叹息。群士慕向,异人并出。卜式拔于刍牧,弘羊擢于贾竖,卫青奋于奴仆,日䃅出于降虏,斯亦囊时版筑饭牛之明已。汉之得人,于兹为盛。儒雅则公孙弘、董仲舒、倪宽,笃行则石建、石庆,质直则汲黯、卜式,推贤则韩安国、郑当时,定令则赵禹、张汤,文章则司马迁、相如,滑稽则东方朔、枚皋,应对则严助、朱买臣,历数则唐都、洛下闳,协律则李延年,运筹则桑弘羊,奉使则张骞、苏武,将率则卫青、霍玄(去)病,受遗则霍光、金日䃅,其余不可胜纪。是以兴造功业,制度遗文,后世莫及。孝宣承统,纂修洪业,亦讲论六艺,招选茂异,而萧望之、梁丘贺、夏侯胜、韦弘成、严彭祖、尹更始以儒术进,刘向、王褒以文章显,将相则张安世、赵充国、魏相、丙吉、于

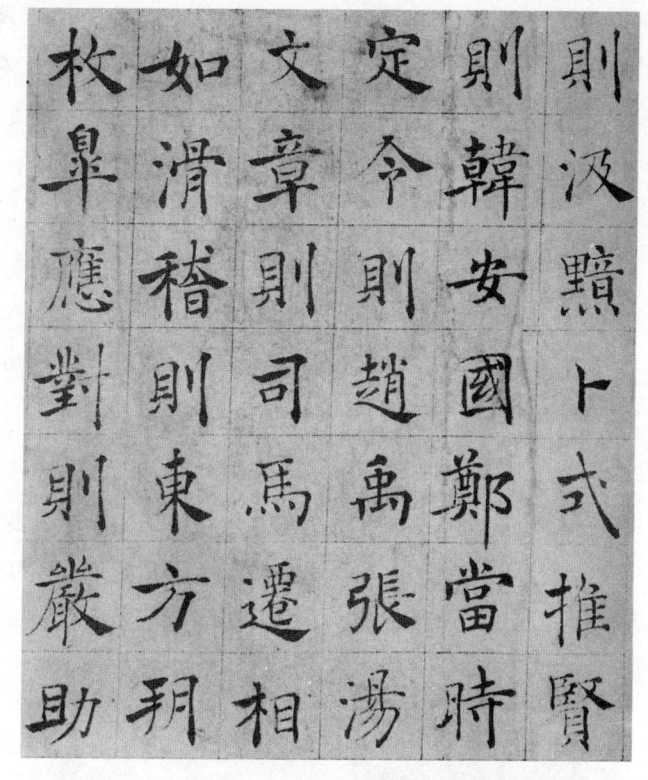

褚遂良《倪宽赞》(局部)

定国、杜延年，治民则黄霸、王成、龚遂、郑弘、召信臣、韩延寿、尹翁归、赵广汉、严延年、张敞之属，皆有功迹见述于世，参其名臣亦其次也。臣褚遂良书。

另一件是《大字阴符经》，传为褚遂良书。正书，纸本墨迹。凡13开，页5行，共96行，计461字。每半开24厘米×19厘米。台北故宫博物院藏。据说褚遂良奉旨书写《阴符经》，有一百九十卷之多。除《小字阴符经》（刻帖）之外，就是这一弥足珍贵的纸本墨迹了。是册前有叶公超题识，李思、罗绍威鉴定，奉敕题识。在帖的背面，有南唐升元四年（940）邵周重装题识、王镕复校题字。从这点上来说，它至少在南唐以前就存在了。还有李惠、罗绍威、苏耆、徐悼、姜宸英等观款，杨无咎、夏原吉、宋荦、魏家枢、高咏、沈尹默等跋。上面钤有"建业文房之印""番禺叶公超所藏""河东南路转运使印"等鉴藏印。

褚遂良是在唐永徽五年（654）奉旨书写《阴符经》的，三百多年后，有一份入五代后梁内府。梁末散入民间，为南唐李曰弁所得。二十年后又入民间，北宋大中祥符前为武阳李氏所得。其子孙不能守，转售西京邵氏。兵燹之余，杳无声闻，不知几易其主。明永乐时为资善大夫、户部尚书夏原吉之伯舅颍川郡公所有。清初又为绵津山人宋荦所得。后入内府，成为清宫廷藏

褚遂良《大字阴符经》（局部）

物。再后为叶公超所藏，叶氏云："此帖为先叔遐庵公旧藏，抗战胜利后付余庋藏。……以草书入楷，兼含篆隶，褚书中所罕见者也。"中华人民共和国成立前夕，被蒋介石运往台湾，藏于台北故宫博物院。这是褚书大楷《阴符经》的流传情况。

此帖在真伪问题上说法不一，但前人评价非常高，认为褚法的全部特点都在此帖中表现出来。认为它是伪作的人，其佐证之一是褚遂良署款为"起居郎臣褚遂良"就露出了破绽。作伪者只知道褚遂良做过起居郎的官，却不懂得褚遂良的书法风格有一个发展过程。做起居郎时的褚遂良的书法面目是《伊阙佛龛碑》那样，而作伪者学的乃是晚年的《雁塔圣教序》一类，一个大书法家的风格不是一成不变的，也不是一蹴而就的。也就是说，在落款中有"起居郎"字样，褚遂良任起居郎在贞观十年，即六三六年，大字《阴符经》书写时间和《伊阙佛龛碑》大体相同或略早。《阴符经》笔势更加强烈，笔画间连绵牵丝呼应比比皆是。朱和羹《临池心解》说："褚登善《阴符经》参以《急就》，以楷法行之，遂为千古绝作，其后无闻焉。"对照《阴符经》和《伊阙佛龛碑》，有很明显的差别，故有论者言《阴符经》的真实性要大打折扣。因为那时褚遂良的书风应该是《伊阙佛龛铭》一路的，而不是晚年《雁塔圣教序》式的。作伪者只知道褚遂良做过"起居郎"而不知其他。在《雁塔圣教序》中，褚遂良明明写着"尚书右仆射、上柱国、河南郡开国公"这样一系列官衔，作伪者为什么偏

褚遂良《大字阴符经》（局部）

要署"起居郎"呢？

认为它是伪作的人，其佐证之二是卷末题跋者十余人，有唐末五代的罗绍威、邵周、王镕，北宋的苏耆，南宋的杨无咎，明代的夏原吉，清朝的宋荦、徐倬、高咏、姜宸英、魏家枢、施闰章等。大半是见于史传的人物。这样，恰与作伪者的愿望相反而益证其伪。例如，卷前后都有南唐的"建业文房之印"，与《怀素自叙帖真迹》上所钤的真印不符，显然是拙劣的仿刻。又南唐的题识五行"升元四年二月十二日文房副使银青光禄大夫兼御史中丞臣邵周重装，崇英殿副使知崇英院事兼文房官检校工部尚书臣王镕覆校进"。这段题识，除了"十二日"的"十二"和末尾"镕覆校进"四个字外，与《怀素自叙帖真迹》卷后南唐题识完全相同，而问题恰好就出在末尾多出的四个字上。在《怀素自叙帖真迹》中，"……检校工部尚书臣王"以下的字迹已损坏不可见。高士奇跋中说这个"王"是王绍颜，当是南唐人，此人与南唐初宰相宋齐丘同时，曾奉旨书宋齐丘《登金陵凤凰台诗》，见周在浚撰《南唐书注》卷四。可是翻遍有关南唐的史书，根本找不到此卷中的"检校工部尚书王镕"。这个王镕似乎也并非纯属捏造，有个与梁太祖朱温结了亲家的王镕，在唐僖宗中和三年（883），"军中推为留后，授检校工部尚书"（见《新唐书》卷二——，《王廷凑传附王镕》）。尽管官名衔名都对，但与南唐升元四年（940），相距五十几年，真是风马牛不相及。自以为有知的作伪者所得的结果，仍与愚蠢无知者相同。

认为它是伪作的人，其佐证之三是《大字阴符经》为册页形式，前后余纸各预留一页，以供后人题识，应无此理；册前五代李愚、罗绍威题识语，尤为无稽；盖书迹前之题识，宋以前尚无此风。又帖中剪接之处，历历可数，书误剪换，理之必然，然而褚遂良岂如此哉？

许多人还从书体方面对《大字阴符经》的作者提出了

质疑。李郁周认为，综观《大字阴符经》书体，其用笔之藏露、逆顺、方圆，运笔之提按、转折、迟速，笔画之粗细、长短、曲直、断连，间架之宽窄、疏密，结构之斜正、向背、高低、覆承、避让，气局之开阖，意态之敛舒，不仅与褚书《伊阙佛龛碑》《孟法师碑》不同，与《房玄龄碑》《雁塔圣教序》相较，绝非同一人手笔；其行草笔意，更与行书《枯树赋》不可同日而语。盖两种字如两个人，举手投足，神态各异，面貌容或相似，细审动作习惯，绝不相同。以《大字阴符经》与《伊阙》《雁塔》并论，不能服人。于大成以为，《大字阴符经》以行草笔意为之，连笔带画甚多，非唐楷法度。沈尚贤亦以为《大字阴符经》笔法、墨法、字法均非褚书本色。

认为它是真迹的人则以为，褚书的全部特色都体现在其中，同时也最能代表褚遂良的风格。沈尹默便力主其真，他的《跋褚登善书〈阴符经〉真迹》以及《再跋褚书大字〈阴符经〉》两文中，则将时间限定为贞观十年（636）至十五年（641）之间："其字体笔势亦与《伊阙》为近。《伊阙》既经镌刻摹拓，笔画遂益峻整，少飞翔之致，杂有刀痕，故而褚公楷书真迹传世者，惟此与《倪宽赞》两种。"的确，从字势扁平开阔上来说，《大字阴符经》与《伊阙佛龛铭》有着极为相同的地方；更重要的在于，石刻书法从来就与墨迹书法有着不同的地方。王壮为以为《大字阴符经》与《雁塔圣教序》意态完全相合之字甚多，其奇肆飞动、神势飘扬之处，唯《雁塔圣教序》能传之。

对于《大字阴符经》来说，仍然真伪难辨：一方面，世称《大字阴符经》为赝作；而另一方面，则又确信它的确代表了褚遂良的书风！如果不是褚遂良的作品，那又是谁的呢？谁又能有如此高超的艺术水平？但伪作非劣作，米芾生前就极为推崇该帖，引以为范，受益匪浅。最重要的是，《阴符经》可以体现出褚遂良的艺术水平，抑或是同时代学褚高手的仿摹之作。

我们以今人的眼光考察褚遂良所有可靠的书法作品，并对照《阴符经》，实事求是地讲，此帖确有褚遂良代表性风格。

第一，结体方正，变化莫测。此帖结体更接近《雁塔圣教序》，方正开张而大气，同时在开合、欹侧、轻重、疾缓、呼应上极尽变化之能事，谓其不可端倪似不为过。

第二，书写性强，一派天机。此帖与褚遂良所有楷书作品比较，甚至比《雁塔圣教序》都更加自然流畅。尤其是书写性这一书法本体的核心要素，体现得淋漓尽致。总体上看，不拘小节、不饰雕琢，任情恣性，时而如立、时而如行，甚至时而如跑。笔画与笔画之间、字与字之间、行与行之间有排斥有吸引，有轻熟有生硬，有排列有顾盼，总之它就是一个宇宙，是一个大千世界，一派天然、一派天机。观之每每令人激动。

第三，以行入楷，跌宕多姿。此帖作为楷书，将行书笔法运用到了极致，甚至表现了许多草书的意韵。如果说《倪宽赞》还有部分笔画保留了逆入的笔法的话，则在《阴符经》中基本都是直入直出的行书用笔了。最有代表性的是竖画起笔，在《倪宽赞》中大都是欲下先上的藏锋之圆厚，而此帖中则大多是直接下按便走笔下行了，如"神、生、其、郎"等。如果说元代赵孟頫忝列中国四大楷书家行列，是以行书入楷为特点的话，则可以说《阴符经》是赵之始祖，或者说在唐代褚遂良就开启了这一重大课题。更有甚者是作者把明显的草书笔意融进了楷书，如"机、迅、拎、推、胜、思"等。从而使楷书自此平添了许多跌宕，生出

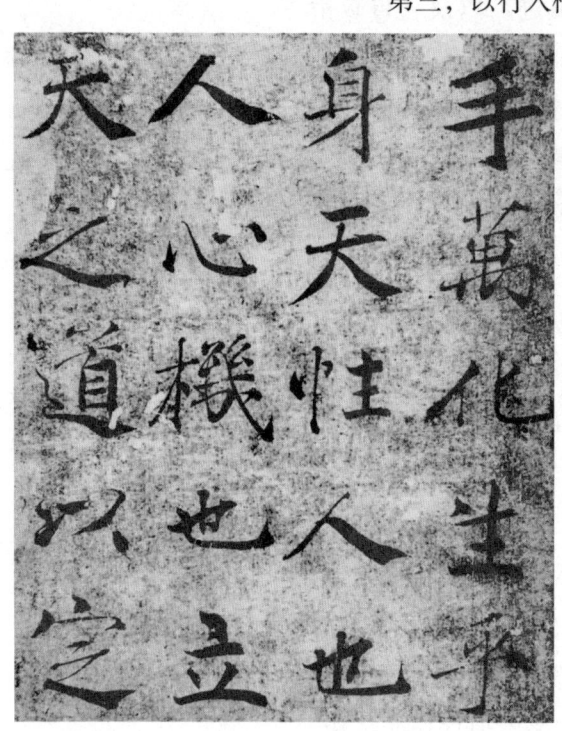

褚遂良《大字阴符经》（局部）

了千姿百态，也从而使楷书具备了撩拨人心、令人感动不已的功能。

此外，此帖不但具备了褚体楷书的特点，还与"唐人写经"极其相似，行笔起落多参以写经笔法，写得自然古朴。宋人杨无咎跋云："草书之法，千变万化，妙理无穷。今于褚中令楷书见之。或评之云：笔力雄赡，气势古淡，皆言中其一。"草书的笔势竟能于楷书中毕现无遗，这是何等神奇的手法！如果细看，可以发现它没有一笔是直的，而是曲的；没有一笔是像欧阳询或虞世南那样保持着每一笔画的平直与匀净，而是偃仰起伏、轻重缓急，极尽变化之能事。

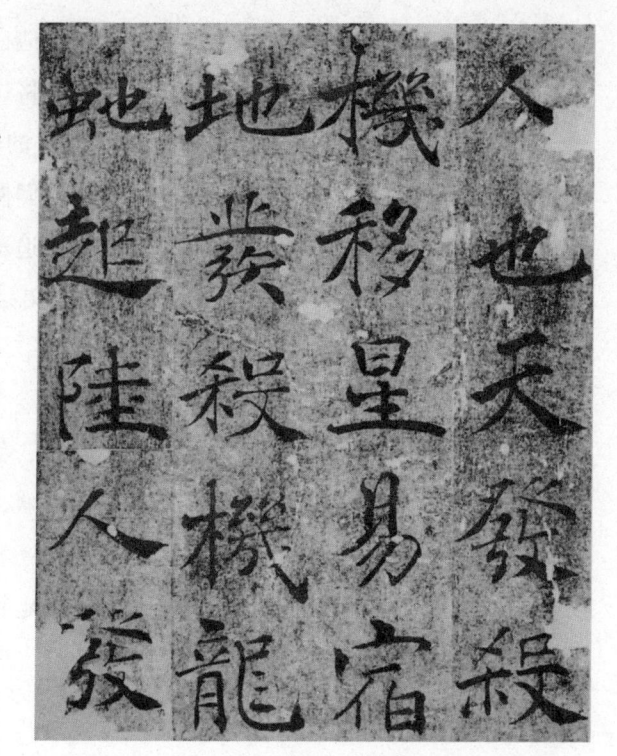

褚遂良《大字阴符经》（局部）

从笔法上来看，萧散而恬淡，不衫不履中尤见性情的流露，可谓极尽风流。

当然，平下心来细细揣摩，与《雁塔圣教序》相比，作为楷书，此帖确有粗服乱头之感，缺乏细腻而显得不完美。有一些字如"静、圣、性、宿"等，在结体上尚显得生硬而缺乏和谐之美。这或许恰恰是学书者所需特别注意和警惕的问题。

《阴符经》为谁所著，众说纷纭，世传黄帝所撰。据清嘉庆三年（1798）悟元子刘一明《阴符经注》称："阴者，暗也，默也，人莫能见，莫能知，而已独见独知之谓。符者，契也，两而相合，彼此如一之谓。经者，径也，道也，常也，常行之道，经久不易之谓。上、中、下三篇，即是申明阴、符、经三字。……会得了阴、符、经三字，则三篇大意可推而知矣。"

总之，从笔法与体势上来说，褚遂良是直接承继晋人风度的；或者说，他在同时代人之中，是最深刻地理解晋人韵致的书家，并将这种风韵表现在自己的书作之中。他既是初唐楷书风格的创造者，同时也是晋人书风的继承者。在他之后，人们便走向了另一种书风，尽管魏晋人的风度仍然是人们所追慕的对象。

《阴符经》释文：

上篇

观天之道，执天之行，尽矣。

故天有五贼，见之者昌；五贼在心，施行于天；宇宙在乎手，万化生乎身。

天性，人也；人心，机也；立天之道，以定人也。

天发杀机，移星易宿；地发杀机，龙蛇起陆；人发杀机，天地反覆；天人合发，万化定基。

性有巧拙，可以伏藏；九窍之邪，在乎三要，可以动静。

火生于木，祸发必克；奸生于国，时动必溃；知之修炼，谓之圣人。

中篇

天生天杀，道之理也。天地，万物之盗；万物，人之盗；人，万物之盗。三盗既宜，三才既安，故曰：食其时，百骸理，动其机，万化安。

人知其神而神，不知不神之所以神也。

日月有数，小大有定，圣功生焉，神明出焉，其盗机也，天下莫能见，莫能知。君子得之固躬，穷人得之轻命。

下篇

瞽者善听，聋者善视；绝利一源，用师十倍；三返昼夜，用师万倍；心生于物，死于物，机在目。

天之无恩而大恩生，迅雷烈风莫不蠢然；至乐性余，至静性廉。

天之至私，用之至公，禽之制在气。生者死之根，死者生之根。恩生于害，害生于恩，愚人以天地文理圣，我以时物文理哲。人以愚虞圣，我以不愚虞圣；人以期其圣，我以不期其圣。沉水入火，自取灭亡。

自然之道静，故天地万物生。天地之道浸，故阴阳胜，阴阳相推而变化顺矣。

是故圣人知自然之道不可违，因而制之。

至静之道，律历所不能契；爰有奇器，是生万象；八卦甲子，神机鬼藏。阴阳相胜之术，昭昭乎尽乎象矣。

起居郎臣遂良奉敕书

第十章　后世影响

　　褚遂良书法近学欧、虞，远溯"二王"，兼及六朝北魏碑刻，又从汉隶中汲取养料，加之他的资质优异，天赋很高，能够掌握各家精髓，融会贯通。他集大生变，锐意出新，为书法注入了新生命，形成了独特的褚家风貌。其书法艺术的成就彪炳史册，对后世产生了巨大的影响。清代刘熙载说："褚河南书为唐之广大教化主。"当代沈尹默称褚遂良"能推陈出新，树立了唐代的新规范。"并指出褚书是"承接'二王'，兼师史陵，参以己意"，"传到了颜真卿，更为书法史上开辟了一条崭新大道"。可见其贡献之大，影响之广。

　　我们在论述褚遂良在书法史上的独特成就和对后世的影响时，不得不首先归功于刻工的精妙。《房玄龄碑》和《雁塔圣教序》都刻得极好，尤其是《雁塔圣教序》的刻工万文韶，不愧为杰出的刻字艺术家，他对褚遂良的笔意心领神会，非常忠实地再现了晚年褚书变化丰富的笔法。晚年褚书已是精致微妙的艺术，如果遇到了那种把一人所写的字刻成两种面目的北魏墓志的刻工，就把艺术的精华去掉了。由于刻工的精巧，现在我们就可以通过临摹和欣赏，推想出当时褚书写的情状。

　　历代书法评论家对褚遂良在书法上的造诣都有较高的评价，也指出其不足之处。唐人李嗣真《书后品》说："褚氏临写右军，亦为高足，丰艳雕刻，盛为当今所尚；但恨乏自然，功勤精悉耳。"因而把他的书法列为上品下。唐张彦远《法书要录》中说褚遂良的正书不在欧、虞之下，行草书则在其下；并把他的隶书、行书列入妙品。今人杨仁恺《中国书画》评褚书说:"他的书法融欧、虞为一,方圆兼备,波势自然,结体较方,比欧、虞舒展,用笔强调虚实变化,节奏感较强,晚年益发丰艳流动,变化多姿。唐人评其书风'字里金生,行间玉润,法则温雅,美丽多方'。"

魏晋至隋唐时期,楷书逐渐消尽了隶书古意,拙扑粗野转化为典雅精美,初唐楷书风格已经与隋代的《董美人墓志》和《龙藏寺碑》十分接近。褚遂良因为能写王书而受到唐太宗的青睐,举为重臣。初唐楷书肇始"尚法"端倪,褚遂良更是功不可没,这是因为褚遂良楷书和以往时代画上了休止符,是"唐楷第一人"。初唐欧、虞、褚三家虽皆承六朝遗风,兼南北意蕴,融合不同风格,但有明显差别。欧、虞入唐已是暮年,欧阳询虽有"二王"遗风,但更多有北碑方正一路的影子,清雅秀丽中包含雄强之气。虞世南书法较之"二王"风流潇洒更显得沉稳蕴藉,收敛了风流华彩,李煜说:"虞世南得右军之美韵,而失之峻迈。"对于褚楷则有很高的评价。张怀瓘《书断》说:"褚遂良善书,真书甚得媚趣,若美人婵娟,似不胜乎罗绮,铅华绰约,甚有余态,欧虞谢之。"

将褚遂良与同时代的楷书大师如欧阳询、虞世南相比,意味着从褚遂良开始,书法已经由古典主义向浪漫主义过渡,或者说,是由张怀瓘所说"妍美功用"而趋向以"风神骨气"为美的纯艺术转变。刘熙载在《书概》中对褚遂良有这样的评价:"褚河南书为唐之广大教化主,颜平原得其筋,徐季海之流得其肉。""广大教化主"五字,

《董美人墓志》(局部)

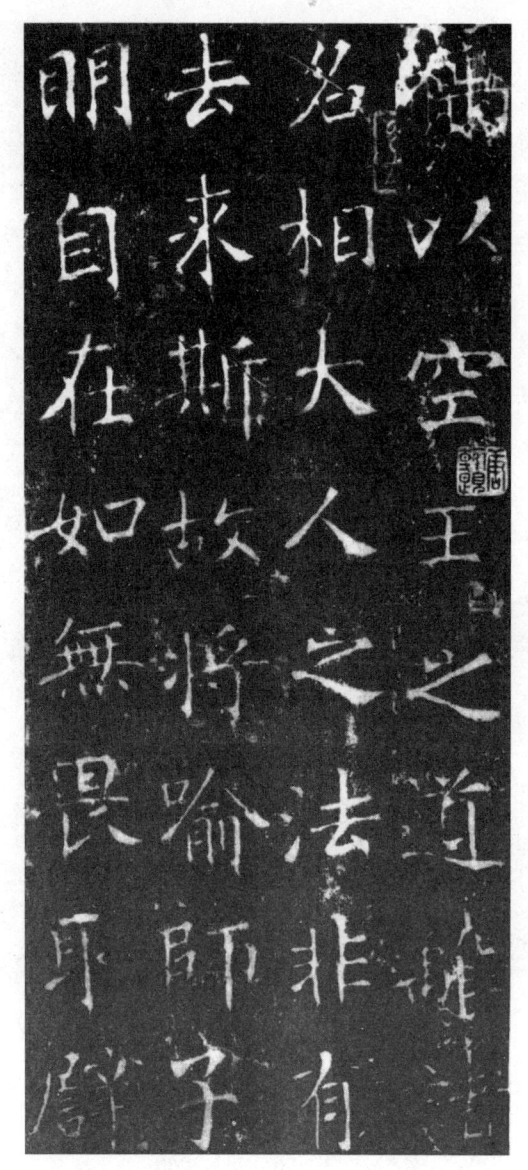

隋《龙藏寺碑》（局部）

足以形容褚遂良在中国书法史上的独特地位。综观唐楷，欧为北朝遗风，虞为南朝遗韵，薛稷学褚而无个人面目，颜虽集大成，失之粗直，柳公权专尚清劲，但骨节嶙峋，寒俭之气时生，唯独褚遂良书浑厚华滋、丰姿绰约，没有唐楷刻板陋习。还是章祖安说得好："是褚遂良的字让人懂得什么是节奏，什么是书写的快感，什么叫得心应手。"有现代学者认为，褚遂良是唐代书法的开山鼻祖，卓然成为唐代书法的中流砥柱。自此以后，唐代的书法莫不受其影响，几乎与王羲之平分秋色，由此真正拉开了大唐书法的序幕。这就把褚遂良的书法地位提得相当高了。

褚遂良在习"二王"浪潮下虽然不能置身事外，但又另辟蹊径、独张一军，他的过人之处在于把握了书风变革的历史潮流，是"二王"体系中的得力干将，既实践了崇王理想，也构建了盛唐法度，彻底完成从尚韵到尚法书风的转变。褚楷中行书和隶意更多地保留在字形层面，比起大王的字形要略逊一筹，但正是这字形中的隶意，使后学者有了探寻的罅隙。和欧、虞楷书中包含隶书遗意不同，欧、虞是无意识的，褚遂良则是有意识的。朱长文《墨池篇》："遂良书多法，或学钟公之体，而古雅绝俗；或师逸少之法，而瘦硬有余。至于章草之间，婉美华丽，皆妙品之尤者也。"有偏见认为褚楷"妖娆体态"有"女子色"，这只是事物的表象，实质上这是"二王"书风影响下的追求，却最终得以摆脱魏碑和初唐欧、虞风范。褚书外表美艳流畅，好其书者多从流美处入手，往往愈写愈俗、茫然而不自知。

褚书虽然华美，但深有隶意，笔势开阔，此其根本；从此下力，即可略得其风骨。所以，习褚书需尽解其用笔之妙，提按要恰到好处，要在不媚中见媚，郁勃之中现婀娜之态，才能体会到褚书的妙韵。

从褚字的变化中，我们可以看到魏晋至隋唐书法发展的轨迹，隶书古意逐渐消失、真书楷法日臻完善，粗犷朴野遂被精工秀雅所代替，所以说初唐"欧""虞""褚"都是楷法的典范。褚书既不似欧书的险峻，也不似虞书的劲峭，他用笔灵活多变、风采动人。

褚遂良以其辉煌的艺术成就，向人们清晰地展示了楷书与行书间的内在联系，展示了书道艺术语言的规律——"印印泥"和"锥画沙"。唐蔡希综的《书法论》中记载了张旭的话："或问书法之妙，何得齐古人？曰：妙执在笔……仆尝闻褚河南用笔如印印泥，思其所以久不悟。后因阅江岛间平沙细地，令人欲书，复偶一利锋，便取书之，险劲明丽，天然媚好，方悟前志。此盖草正用笔，悉欲令笔锋透过纸背，用笔如画沙印泥，则成功极致，自然其迹，可得齐于古人。"在传为颜真卿著的《述张长史笔法十二意》里，也有与此基本相同的内容，并且直接说"用笔当须如印印泥"是褚遂良的话。这话确是精要，他讲的确是执笔法，但不是从正面讲执笔的具体方法，而是从他认为正确的执笔法落在纸上或石上产生的效果来讲，并且是比喻的讲法。"印印泥，锥画沙"和"力透纸背""入木三分"的意思近似，但比喻更形象、更深刻。"印印泥"和"锥画沙"的意义是基本一样的。唐代普遍用纸，用印也已钤朱，但唐人去古未远，对封泥用印还是了然于心的。用坚硬的铜印钤盖柔软的胶泥上，阳文的笔画便深陷于泥面，阴文的笔画便突出于泥面。用铁锥或竹片在饱含水分的沙地画字，线条便进入地面，显现出的泥色与表面的深浅很分明。"印印泥"和"锥画沙"的相同意义就是坚硬的东西用力在柔软的东西上，现出有立体感的鲜明的线条。

只有明白了"印印泥"和"锥画沙"的本义后,才能领会褚遂良对执笔的比喻。毛笔,即使是很强健的紫毫,或者很粗顽的猪鬃笔,与铜、铁、竹相比,也还是柔软的,写到纸上或别的什么平面东西上,无论如何也不会产生摸得着的深度或高度的感觉。然而,"印印泥"和"锥画沙"就是要求你腕肘的力量把一撮软毛变成尖利的铁锥,笔锋到处,点画非常明确肯定、痛快沉着,在视觉上产生立体感的效果。这样的书法才有活力、才有神采,才是生命的运动。

我们掌握了褚书的执笔窍门后,就能看出《雁塔圣教序》的点画用笔的特点。这个特点就是有法而无法,"从心所欲不逾矩",想怎么写就怎么写,随意而不随便。他的横画、直画、点、钩、撇、捺,不同的形态比欧、虞、颜、柳诸家都多;各种点画的轻重、长短、粗细、正斜、曲直、方圆,都随手取势配合,没有固定的程式,这是后人最难学到家之所在。薛稷是被公认为学褚学得最好的,细看薛书《信行禅师碑》,确实很能体会褚书的笔意,点画的形态也学得比较齐全,差就差在灵活的变化组合上。

这种丰富多变的点画为什么能够随意配合成和谐统一的整体,而不是矛盾的混乱呢?这个诀窍在两个字:力、势。力是笔力,也就是前面所说的"印印泥"所产生的力,下笔又陡又快,行笔过程中,横画不平拖,竖画不直下,收笔利落而不黏滞。势是笔势、形势。善于用力,善于控制行笔的轻重缓急便是得势。变化繁多的点画就靠这力与势统一起来。《同州圣教序》不及《雁塔圣教序》的灵活飞动,主要原因就是缺少了《雁塔圣教序》笔法的力和势。

褚遂良是一位楷行书的大书法家。这里从楷行书的发展史上进一步总结一下褚遂良在书法发展史的地位。楷行书源于汉末,兴于魏晋,在数百年的时间内,经历了以隶为主、隶楷参半,以楷为主的几个阶段。到了隋代,已经进入了成熟时期。至唐代乃完成了这个成熟的进程，达到了发扬光大的境地。以欧阳询、虞世南为代表的初唐时期，可以说是承袭和总结隋代书法的阶段，以颜真卿、柳公权为代表的唐代后期阶段，则是楷书成熟的完成阶段，而居于他们中间的褚遂良，在唐代书法的发展中，确实占着特殊重要的枢纽地位。

　　为什么这样说呢？这是因为楷行书到了欧、虞，在结体上已完全成熟，形成了规范，千余年来更无多大的重大突破，但在运笔方面，则留下了比较大的发展余地。本来，结体靠运笔表现，运笔为结体服务，二者是一致的。但是从文字和书法的演变历程看，结体的变化和完成，又往往先于笔法。结体愈变愈简，笔法则适应着字体的流变和毛笔运行的特点愈变愈生动，从而更复杂化了。试以欧、虞的运笔与颜、柳相比较，就可看出，欧、虞的点画转折都比较平直拙朴而少起伏变化。其后发展起来的许多笔法，细审之，虽也都孕育和包含在他们的运笔之内，但尚未形成完备的规范而充分表露出来，因而不免使人有捉摸不定和单薄的感觉。过了一百多年，到了颜、柳，情况发生了很大变化。在楷书的结体上固然有一定的发展，更重要的是在运笔上的创新，形成了一套完备的法度。例如，横竖画的逆入和逆出，藏头护尾，转折处突出提按以保持中锋，钩、挑、戈、踢和波捺以至竖画悬针，均先顿笔回锋后再出锋等等。这许多符合力学原理和审美要求的运笔方法，经过了无数人的探索追寻和经验积累，到了颜、柳才算达到了完备定型。运用起来，不仅使写出来的字具有更强的立体感和更充沛的力量，使作者的感情和笔力能够更加鲜明地、生龙活虎般跃然体现在楮墨之上，而且形成了书写的规范，犹如操典中的分解动作，使初学者一目了然，易学易循。这一条实是成熟的唐楷特点所在，也是颜、柳的历史功绩。近代书家沈曾植在评论唐代书法时曾说："欧、虞乃唐楷中之古隶，颜、柳乃唐楷中之八分。"虽然有些夸张，但明白地指出了笔法上的这种演进。沈尹默更进一步具体地指出了这种演进和区别，说自己在致力于研习唐宋诸大家的书法后，"发现他们有一拓直下和非一拓直下之分。欧阳询属于前者，怀素属于后者。前者是'二王'的旧法，后者是张长史、颜鲁公以后新法"。这个"一拓直下"和"非一拓直下"的分别和发展过程，实是研究唐楷演进的一个重要契机。

弄清了以上的演变发展过程，我们就可以对褚遂良的书法做出进一步的评价和剖析。以褚书为代表的唐楷嬗变阶段，乃是欧、虞与颜、柳之间的桥梁。褚遂良是一个承先启后的人物，他继承和发扬了隋代书法的最高成就，又是唐楷创新的发端者。

褚遂良书法在唐代就产生了巨大影响。褚书的新规范一出，天下翕然相从，竞相学仿，成为一时风尚，与褚同时或稍晚的王知敬、王行满、敬客等人，都是学褚而有成者。从那以后，历代书家均或多或少地受到褚遂良的影响，就唐而言，有薛稷、薛曜、钟绍京和魏栖梧等人，其中在唐代受褚遂良影响并获得最高成就的，是草书第一大家张旭和唐代书法的标志颜真卿。

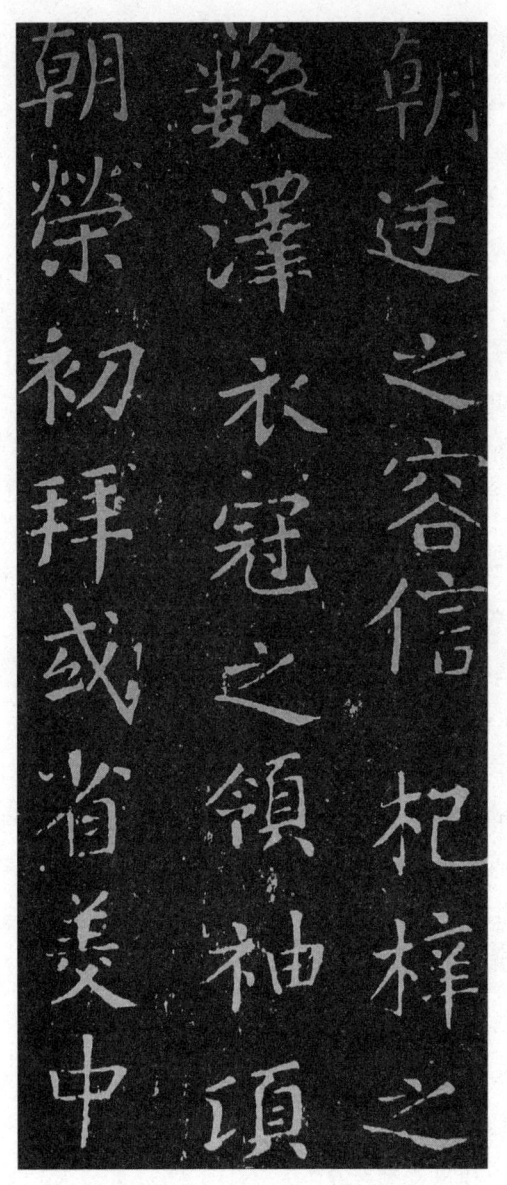

张旭《郎官石柱记》（局部）

从张旭的《郎官石柱记》上看，与褚遂良早期的书风甚为接近。在颜真卿的书法中，我们虽然已很少能看到其影响的痕迹，但他曾师从张旭，潜心学过褚遂良的书法，这在史料中是有据可查的，他晚年所提出的"屋漏痕"，其实滥觞于褚遂良，这种笔法在薛稷的书法中已表现得相当普遍和成熟。

王澍《竹云题跋》云："褚河南陶铸有唐一代，稍险劲则为薛曜,稍痛快则为颜真卿,稍坚卓则柳公权,稍纤媚则钟绍京,稍腴润则吕向,稍纵逸则魏栖梧,步趋不失尺寸则为薛稷。"其以偏概全,或有夸饰。然颜、柳诸人受褚遂良影响,尤其颜之《宋璟碑》、魏之《善才寺碑》,可谓俱得褚法之妙。褚遂良是薛曜舅祖,薛氏兄弟对于褚书,可以说是家学。张怀瓘还说:"薛稷书学褚公,尤尚绮丽媚好,肤肉得师之半矣,可谓河南之高足,甚为时所珍尚。"朱景玄《唐朝名画录》中称:"薛稷学书师褚河南,时称'买褚得薛,不失其节。'"对照薛稷书迹,虽名列"初唐四家",实际逊色。薛稷虽得其势,达到了可以乱真的地步,但失却了变化的随意和谐与创造性。薛稷较其堂兄薛曜更胜一筹,对褚书不作亦步亦趋的模仿,而是在学褚的基础上,加以发挥,有所创造,以瘦劲之体,直开日后颜书之先河。所以,后世多数学者皆认为薛稷、薛曜才是褚遂良书风之真正传人。

　　薛曜(642—?),字升华,祖籍蒲州汾阴(今山西万荣),世代为儒雅之家。曾祖父道衡(540—609),字玄卿。隋内史侍郎,为当时名才士,不仅以诗著名,有"才杰"之誉,书法也见称于史,《宣和书谱》记其《和南》正书,"非泯泯众人之笔也"。祖父薛收(592—624),字伯褒,隋名儒王通的及门弟子,为"河东三凤"之一。入唐,以文学受知于李世民门下,官至天策府记室,兼任弘文馆学士。父薛振(622—683),字元超,官至中书令。以荐引寒士、奖掖后学为一代文宗,唐初文士大都出自他的门下。薛曜为元超长子,生平事

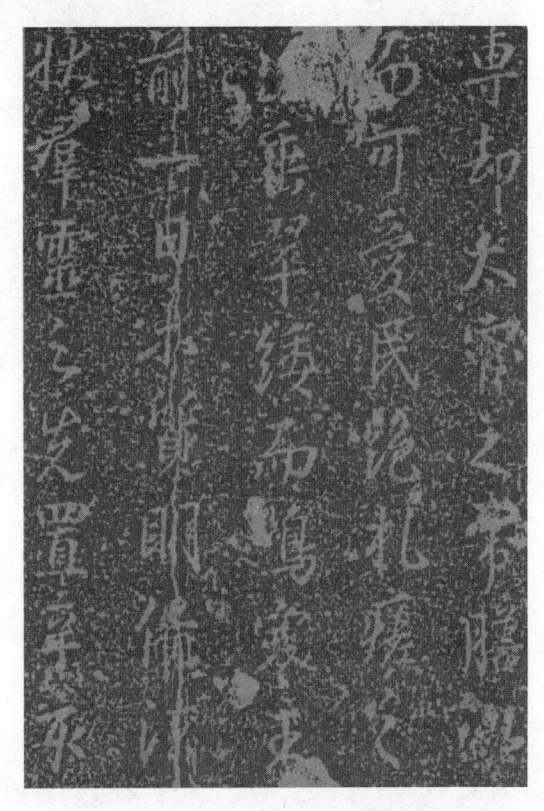

薛曜《封祀坛碑》(局部)

薛稷《信行禅师碑》（局部）

迹史籍不详，河南登封所立《封祀坛碑》为其代表作。

薛稷（649—713），为薛曜的堂弟，名相魏徵外孙。稷出身太学，日习书一幅，受当时虞世南、褚遂良的影响。及长，得舅氏魏叔瑜的传授。家中又多虞世南、褚遂良等人的手札表疏，稷一一锐意临仿，穷年不倦。其后供职内廷，获观秘府所藏钟、张、"二王"等魏晋名迹，玩赏追摹，遂与表兄弟魏华以书并名天下，开元名相张说誉之谓："前有虞、褚，后有薛、魏。"其后之论书家，去魏补欧，列欧、虞、褚、薛为初唐四家。

薛稷仕途始显达于睿宗朝。史书记载睿宗在藩时，留意小学，尤重书法，尤其赏识薛稷工书善画和博学鉴定的才华，将他的第五个女儿仙源县主（后册公主，晋凉国公主）下嫁给薛稷之子薛伯阳，结为儿女亲家。睿宗受禅即位后，对薛稷更加器重，累拜为中书侍郎、参知政事。后因薛稷与中书令钟绍京争权，改左散骑常侍。其后历工部、礼部尚书，官至太子少保，史称"薛少保"，又以翊赞之功，封为晋国公。睿宗以其为姻亲，常招引出入宫内，参与朝政，时有恩绝群臣之称。开元元年（713），窦怀贞伏诛，薛稷以知其谋，赐死于万年狱中，年六十五岁。

薛稷多才艺，善画，以画鹤著名，号称一绝。《宣和画谱》说薛稷画鹤，能得其神，宜其精绝千古，有评论道："世之养鹤者多矣。……然画鹤少有精者，凡顶之浅深，氅之黲淡，喙之长短，胫之细大，膝之高下，未尝见有一一能写生者也。又至于别其雄雌，辨其南北，尤其所难。

虽名手号为善画，而画鹤以托爪傅地，亦其失也。故（薛）稷之于此，颇极其妙，宜得名于古今焉。"唐朝著名诗人如李白、杜甫、宋之问诸人都有诗歌赞赏述之。

薛稷的行、楷书始见于开元中叶所撰的《书断》，并入能品。杜甫曾见其普慧寺题额三大字，笔势雄健，有《观薛少保书画壁》诗赞云："仰看垂露姿，不崩亦不骞，郁郁三大字，蛟龙岌要缠。"宋人董逌《广川书跋》承袭唐人，视作褚氏嫡嗣，其卷七云："薛稷于书，得欧、虞、褚、陆遗墨至备，故于法可据。然其师承血脉，则于褚为近。至于用笔纤瘦，结字疏通，又自别为一家。""用笔纤瘦"出于刻意，乃当时风尚，不特薛稷如是，他的堂兄薛曜则更少丰润。薛稷书法出自褚遂良，虽时有新奇，偶能别成风神，终因"超石鼠之效能，愧隋珠之掩类"（见窦臮《述书赋》），未能尽脱褚氏规模而独张一军。其名列初唐四家，实见逊色。所以附骥欧、虞、褚后者，只为求得偶数矣，存世的《信行禅师碑》，赵王贞撰，神龙二年（706）立于长安，是其代表作。

薛稷兄弟之后，同年出生的张旭和李邕，则是将褚遂良书风转变为颜真卿书风的过渡人物。张旭虽为一代草圣，但楷书功底深厚惊人，风貌清虚简淡，仍然是初唐书风，受褚遂良影响很大。李邕楷书却大有改观。和褚遂良楷书一样，都为行楷。褚书中更多地保留了"二王"行书笔意和隶书痕迹，李邕不像褚遂良注重用笔的华丽巧饰，而是体现出碑格，笔画厚实、古拙刚硬，不乏婉转流畅，天趣自然，以"左低右高、上舒下敛"的结构变革"二王"行草，峻拔开张、稳固结实而气宇轩昂。李邕成熟期书法形态中很难找到"二王"的影子，用笔刚健，笔力雄强，无牵丝映带的虚笔连绕。通过横画欹斜来取势，这是李、褚二人的共同点，但和褚书字形长宽扁高变化多相比，李邕字形变化要少一些，又可以说是基本上忠实于"二王"体格的。

颜真卿是唐代除薛稷外受褚遂良影响最大的书家。刘

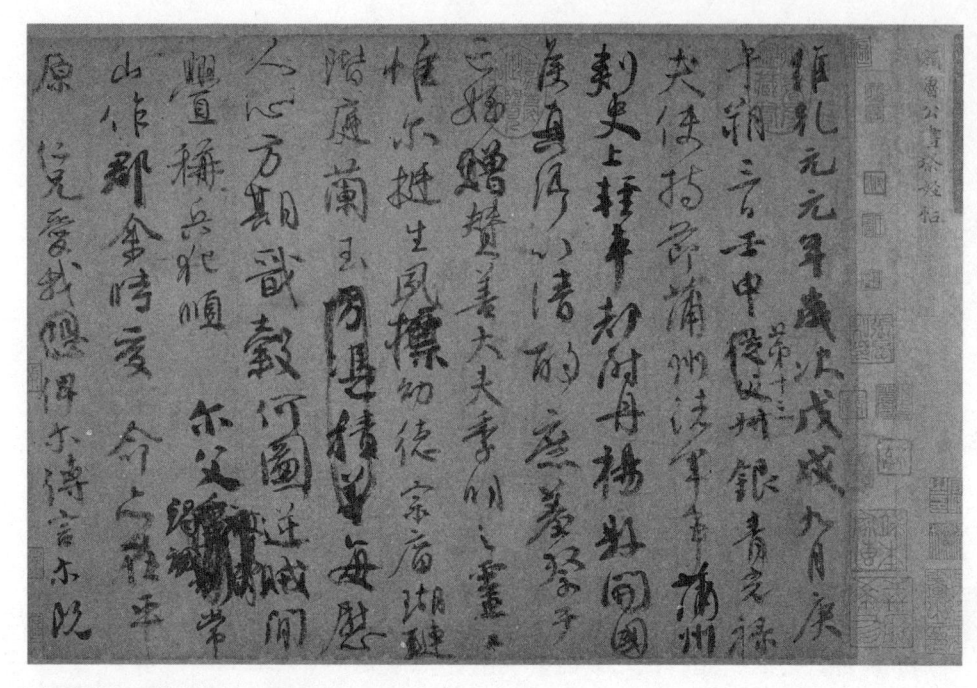

颜真卿《祭侄文稿》(局部)

熙载《艺概书概》中"褚河南之书为唐之广大教化主,颜平原得其筋",从颜成熟期作品的字形上来看,二者悬殊,但实质上同声相息,颜从褚中化出,胜过薛稷仅得皮毛。颜字字形的宽博,捺画一波三折运笔,取法着意篆隶方面,都是受褚的启发。唐代精神暗合"二王"者唯有褚、颜二人。只是颜真卿将褚遂良的清逸变为沉雄,笔画细腻变成粗壮丰满,横画的欹侧变成从"平直到平直",以正面示人,空间分割极为均匀,最大限度地发挥线条的张力作用,突破"二王"藩篱,洗尽贵族脂粉,以雄浑博大、黄钟大吕的盛唐之音取代了初唐潇洒飘逸的丰姿。在变法上,颜真卿比李邕更彻底。

苏东坡在《题唐六家书后》一文中,曾将隋唐时期的六位书法大师逐一做了评价:

"永禅师书骨气深稳,体兼众妙,精能之至,反造疏淡。如观陶彭泽诗,初若散缓不收,反覆不已,乃识其奇趣。"

"欧阳率更书妍紧拔群,尤工于小楷。高句丽遣使购其书，高祖叹曰：'彼观其书，以为魁梧奇伟人也。'此非真知书也。知书者，凡书像其为人，率更貌寒寝，敏悟绝人，今观其书，劲险刻厉，正称其貌耳。"

"褚河南书清远萧散，微杂隶体。"

"张长史草书颓然天放，略有点画处而意态自足，号称神逸……今长安犹有长史真书《郎官石柱记》，作字简远，如晋宋间人。"

"颜鲁公书雄秀独出，一变古法。如杜子美诗，格力天纵，奄有汉、魏、晋、唐、宋以来风流，后之作者难复措手。"

"柳少师书本出于颜，而能自出新意。一字百金，非虚语也。"

对褚遂良的书法只用了四个字"清远萧散"。这种清远萧散，正是东坡所追求的意境之美。宋代对褚遂良理解最为深刻的要数米芾，米芾性格癫狂，自视甚高，在书学观念方面是离经叛道之人，借助癫狂之口说出很多骇人听闻之语，诸如"一扫二王恶札，照耀皇宋万古！""欧虞古

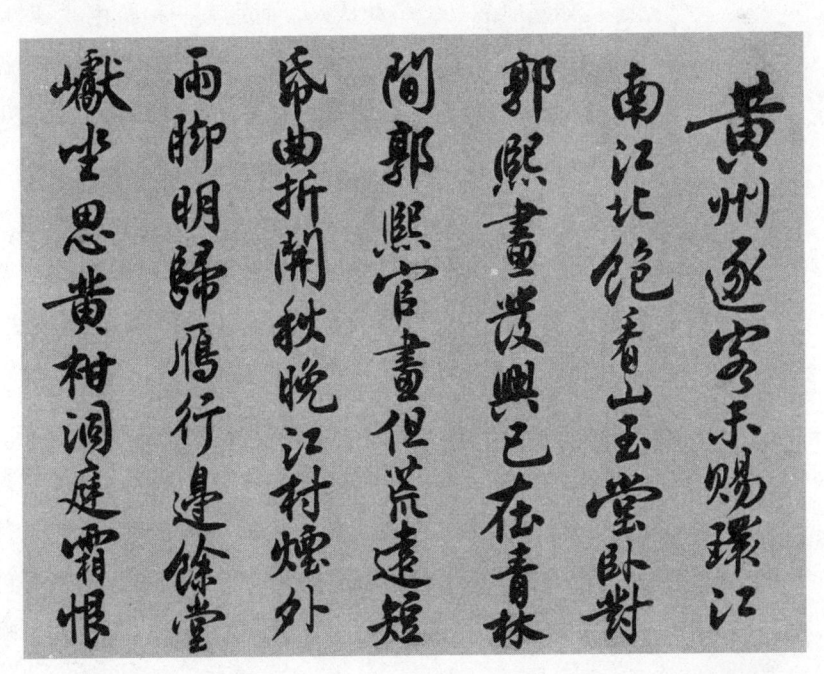

沈尹默行书

法亡矣""颜书真入俗品"之类的话。但留心米芾言论，一生从未对褚遂良有半点微词。以米芾狂妄的为人，是不会轻易佩服一个人的，除非正对自己胃口。米芾在评书时，对欧阳询、颜真卿、柳公权分别做了评述：

"欧阳道林之寺，寒俭无精神。""欧阳如新疾病人，颜色憔悴，举动辛勤。"

"真卿学褚遂良既成，自以挑踢名家，作用太多，无平淡天成之趣。大抵颜柳挑踢，为后世丑怪恶札之祖。从此古法当无遗矣。""颜行书可观，真便入俗。""公权国清寺，大小不相称，费尽筋骨。"

"欧怪褚妍不自持，犹能半蹈古人规。公权丑怪恶札祖，从兹古法当无遗。"

这些唐代书法大家没有一个不受到米芾的挑剔，唯独对褚遂良情有独钟，在其《自叙帖》说："余初学，先写壁，颜七八岁也，字至大一幅，写简不成。见柳而慕紧结，乃学柳《金刚经》。久之，知出于欧，乃学欧。久之，如印板排算，乃慕褚而学最久。"他是这样赞美褚遂良的："褚遂良如熟驭战马，举动从人，而别有一种骄色。"对褚遂良《兰亭序》的摹本更是推崇备至，甚至可以说佩服得五体投地。米芾对大字《阴符经》极为称道膺服，其行书用笔灵动多变、锋出八面、爽利有力，不能不归结于受褚氏启发。他的小行书和小楷《向太后挽词》十有七八出于褚法。他的儿子米友仁同样也是如此赞美："褚书在唐贤诸名世士书中最为秀颖，得羲之法最多者。真字有隶法，自成一家，非诸人可以比肩。"从那以后，十有八九的书家都从褚遂良书法中汲取营养，以求得书法三昧。

近代，学褚遂良一派而获得最高成就的当首推沈尹默了，他的楷书基本上得力于褚遂良的《孟法师碑》，只是少了些苍茫之感。当代书家潘伯鹰、徐无闻和沈觐寿等都是善褚书的高手，皆以《雁塔圣教序》为范，足见其影响之深。

沈尹默行书

　　熊秉明在《日记摘抄——关于罗丹》中引查德金（Zadkine）的话说："……在雕刻里要把握的是'精神结构（structure spirituelle）'，这是唯一的原则，其余则任凭你们创造……褚遂良提供给后人的，正是这样一种'精神结构'，让学习他的人，从他那里拿走笔法、拿走笔意、拿走结构、拿走法度，然后从事自己的创造、改革、翻新……薛稷学他，瘦硬通神，跻身于'唐四家'之列；薛曜学他，风骨棱棱，不仅作为一时的名手，而且开启了宋徽宗的瘦金体；颜真卿也学他，颜体楷书是建立在褚遂良楷书的基础之上的。"

　　褚遂良一生不愿耽于笔墨纸砚，苦役劳顿，做个书工。他的成就可以这样概括：个人永无满足，不断探索，褚遂良实际上是由隋至唐楷书演绎的缩影，他一生墨迹的变化见证了这一点。从中年到晚年，在书法实践中，不断地追求发展变化，表现了极大的创造精神。他广泛汲取了前人书法的优长，具有丰富的笔法，形成了独特的艺术风格。他既能吸收前人的精华，也能把握时代潮流，做到"古不乖时，今不同弊"。这使后代书家得到很大的启发和教益。

最后，引用《中国书法大系》中的一段文字对褚遂良书法艺术做一总结，作为进一步理解褚遂良书法艺术的参考：

  褚遂良之书，有龙象之力而无剑拔弩张之态，容夷婉畅，清劲飘逸，不拘一体。其书服膺欧虞，祖述右军。而运笔分隶及用钟太傅之遗法。点画生动，笔趣洋溢，举体流畅，最富近代性。薛稷、张旭、真卿、东坡、徽宗、襄阳均受其影响。其姿态多样，《伊阙佛龛》的奇伟、《孟法师碑》的精严、《房梁公碑》的瘦劲、《倪宽传赞》的婉畅、《圣教序记》的遒逸、《大字阴符》的飞扬、《文皇册》饶有情趣、《枯树赋》最具风华，烟霏雾结，似断还连，一钩一捺如用锥画沙，总之胜过天然，集前人书法之大成，不失本体，卓然自成风貌。古人称其古雅绝俗而又风流绰约，欧虞也折服，尚未能尽其态。

第十一章 相关作品考释和欣赏

行书《枯树赋》

褚书庾信的《枯树赋》，自署于"贞观四年（630）十月八日，为燕国公书"。无书人姓名，传为褚遂良书。行书，凡467字。真迹不传，有明拓本，26.2厘米×15.1厘米，日本私人藏，日本二玄社有影印本。刻入《戏鸿堂法书》《淳熙秘阁续法帖》《玉烟堂帖》《听雨楼帖》《泼墨斋法书》《藏真帖》《玉虹鉴真续帖》等丛帖中。欧阳辅在《集古求真》中云："真本为（贞观）十四年。"墨迹著录在《宣和书谱》中，佚于何时，不得而知。明王世贞所见的已是勾填本，所传刻帖亦为王世贞所刻单行本为最好，次则清周于礼《听雨轩帖》所刻，又有《玉烟堂》《至宝斋》等帖，但刻俱不精。又有楷书本《枯树赋》，有褚遂良署名，系近人伪托。

该帖在唐时便很有名，但末尾题记年月，使人存疑。苏颂云："余按徐浩《书品》云，中宗时，中书令宗楚客恩幸用事。尝赐'二王'真迹二十轴，因制为十二屏，以褚遂良《枯树赋》为脚。大会群贤，张以示之。薛稷、崔湜辈见之，皆废食叹息。验此赋，河南书明矣。观其笔力遒媚，颇逼'二王'，非河南不能为也。学者多云燕公于志宁也。按志宁曾祖谨仕周开国，封燕，志宁正（贞）观末始袭祖封，而此赋乃在未封前，岂当时公卿自有封燕者而失其传耶？或志宁嗣封在前而书传记之误耶？又不可得详也。"从书风上讲，据自署书写年代，为褚遂良三十五岁时所书，但是书风与其晚年类似，与之十年后所书《伊阙佛龛碑》相比，风格迥异，且《伊阙佛龛碑》一致认为是褚遂良早期书风，多为陈隋旧格，此为使人起疑之处，也可能是手札与书碑有别之故。

该帖是在书法史上影响较大的作品，在唐时已有摹本，广为流传。宋岳珂曾作赞深叹其美（可见《宝真斋法书赞》）。米襄阳特别推崇褚书，除了绢本《兰亭》和《太宗哀册》外，给他最大影响的便是此赋。米芾超妙绝伦的笔法，似欹实正的结构均由此得到最大的启发。王文治的《论书》言："子山的枯树文皇之册，穷尽颠米一生所学。"赵孟𫖯和董其昌都有临本，赵临本下笔流畅，董临本风神跌宕。

是帖辗转摹刻，与原迹相距已远，其中听雨楼本为最佳。但从笔法结构上尚可辨出褚书风范，多少有些参考价值。宋陈藻跋："褚登善书用隶法，结体方严，《枯树赋》稍变，乃从容于法度之中。"明王世贞跋："褚河南书此赋，掩映斐亹，极有好致。"明周天球跋："双勾填廓想出柳诚悬手，非褚初书笔也。其遒劲俊逸大都如禊帖临本、圣教碑刻，骨立中气韵自足。"清蒋衡《拙存堂题跋》："褚河南临《枯树赋》墨迹，劲秀飞动，画中有骨，笔外传神。自董华亭以为瑶台婵娟，不胜绮靡，后之学褚者遂从软媚求之。"沈颢《陆柬之五言兰亭诗跋》亦云："逸少《兰亭》笔法，惟褚河南《枯树赋》深得三昧。"这种意态无穷的简牍体的书法，即所谓的开卷灿然在目，与他所书的典重碑刻的峻整风格略有差异。

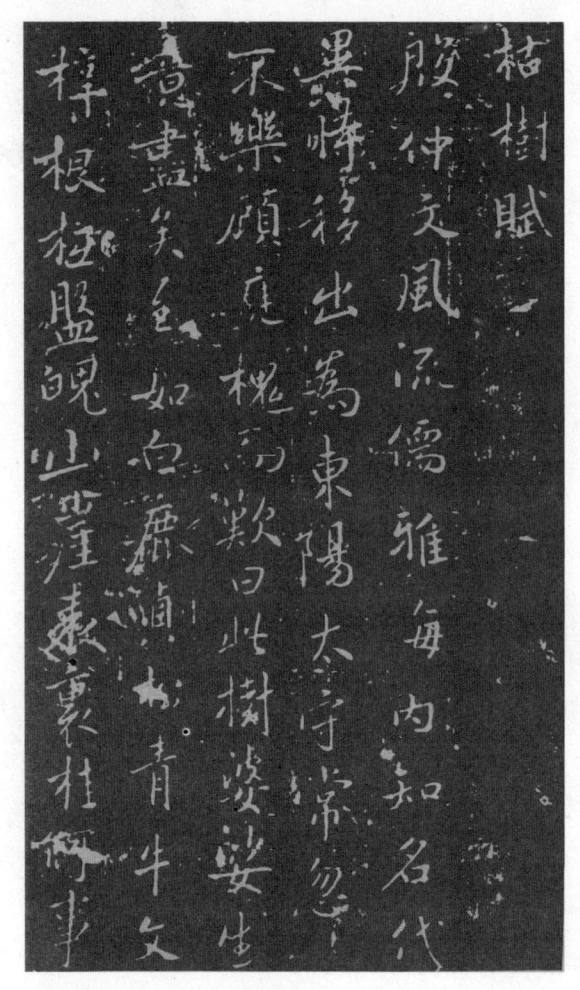

褚遂良《枯树赋》（局部）

有学者认为，当时褚遂良几度临写右军的《兰亭》真迹，而且太宗购求得三千多纸王书，全经他手鉴定，因此他书该赋时，活用耳濡目染的王羲之笔法，渗入自己所书，写出了刚劲婀娜，别具风华的作品。这是与事实不符的，因为这时褚遂良还谈不上对王羲之书法的深入领会。《枯树赋》是褚遂良早期作品，这时"褚体"尚未最后形成，其用笔受虞世南影响较深，圆转秀美、外柔内刚。从此帖中我们可以看出褚遂良从晋人那里学到的东西，也看到了他直接学习晋人而应用于创作的东西，那种轻松、从容和典雅每每流于笔端。但同时，我们更看到他与摹写《兰亭序》一样，时时处处表现出自己的追求。其结体体势纵长，显然是受到欧阳询的影响，时而昂左垂右，时而昂右垂左的结体，险象环生，充分表现了作者驾驭字形的卓越才能。

此件作品有人认为是米芾所临，实际上恰恰说明米芾在行书上受褚遂良影响之深，无论在结体、用笔，还是姿态上，都明显表露出来。今人学米，可追溯至《枯树赋》，可从中吸收比米芾更文雅的营养。但过多地扭曲，过分地拘泥于笔笔精到，总觉得不是那么通达、舒展，略显琐碎，稍感雕琢、小气。

《枯树赋》释文：

枯树赋

殷仲文，风流儒雅，海内知名。世异时移，出为东阳太守，常忽忽不乐。顾庭槐而叹曰：此树婆娑，生意尽矣。至如白鹿贞松，青牛文梓，根柢盘魄，山崖表里。桂何事而销亡，桐何为而半死？昔之三河徙植，九畹移根，开花建始之殿，落实睢阳之园。声含嶰谷，曲抱《云门》，将雏集凤，比翼巢鸳。临风亭而唳鹤，对月峡而吟猿。乃有拳曲拥肿，盘坳反覆。熊彪顾盼，鱼龙起伏。节竖山连，文横水氎。匠石惊视，公输眩目。雕镌始就，剖厥仍加。平鳞铲甲，落角摧牙。重重碎锦，片片真花，纷披草树，散乱烟霞。若夫松子古度，平仲君迁。森梢百顷，槎卉千年。秦则大夫受职，汉则将军坐焉，莫不苔埋菌压，鸟剥虫穿，或低垂于霜露，或撼顿于风烟。东海有白木之庙，西河有枯桑之社，北陆以杨叶为关，南陵以梅根作冶。小山则丛桂留人，扶风则长松系马，岂独城临细柳之上，塞落桃林之下。若乃山河阻绝，飘零离别，拔本垂泪，伤根流血，火入空心，膏流断节，横洞口而歌卧，顿山要而半折。文斜者百围冰碎，理正者千寻瓦裂。戴瘿衔瘤，藏穿抱穴，木魅睒睗，山精妖孽。况复风云不感，羁旅无归。未能采葛，还成食薇。沉沦穷巷，芜没荆扉。既伤摇落，弥嗟变衰。淮南云：木叶落，长年悲，斯之谓矣。乃为歌曰：建章三月火，黄河千里槎。若非金谷满园树，即是河阳一县花，桓大司马闻而叹曰：昔年种柳，依依汉南。今看摇落，凄怆江潭。树犹如此，人何以堪。

贞观四年十月八日，为燕国公书。

行书《唐太宗哀册》

是帖又称《太宗哀册》，全称《唐太宗文皇帝哀册》，文见《全唐文》卷一四九。自署书于贞观二十三年（649）五月，五十四岁时书。正书，宋拓本，凡6开，页5行，每半开22.2厘米×11.1厘米。日本私人藏。载于《金石萃编》。尚有明严澂摹填本传世，纸本，6页，22.8厘米×22.1厘米，流入日本。日本高岛菊次郎氏又有《宋初拓文皇哀册》本。太宗病重，临终前托孤于褚遂良、长孙无忌诸人，并令褚遂良起草遗诏，有《唐太宗文皇帝哀册文》。是帖无撰、书人姓名，宋姚铉《唐文粹》选录此文作者为唐褚遂良撰。自宋以后，传为褚遂良撰并楷书，见于《戏鸿堂法书》《玉烟堂帖》等丛帖中。哀册为褚遂良所撰是无疑的，刘铼《隋唐嘉话》卷中："褚遂良为《太宗哀册文》，自朝还，马误入人家而不觉也。"《唐文粹》选录此文作褚遂良撰。以《文粹》与传刻墨迹互校，文字略有出入，可知传刻的墨迹实是褚遂良的稿本。这是件有根据的褚书行书，与《枯树赋》也很近似。

是帖墨迹至明末尚存，为王世贞所藏，后佚失。一说为明吴江的史明古得其手书墨迹，收藏于家中，后归王元美，刻于石上。王氏真迹本有于镶、薛绍彭之题识，卷首由薛绍彭题"唐文皇帝哀册褚遂良书"十小字，戏鸿堂本则将标题改为"褚遂良哀册真迹"，似董其昌书，刻有于镶款识，无薛绍彭题款。严澄摹本则无标题，但有于镶、薛绍彭款识。此二者或均从王氏本出。高氏本卷首标题隶书"文皇哀册褚遂良书"，无款识，有钱樾、翁方纲、成亲王题跋。成亲王谓此拓"必非王刻无疑"，并亲自题签"宋初拓文皇哀册 伯恭先生藏"。伯恭先生乃清朝中叶陈崇。

是帖后人多疑为米芾之临本，与米芾《大行皇太后挽词帖》极似。明安世凤《墨林快事》云："《哀册》褚固宜有书，乃字法太稚而冶，虽河南降格而为之，亦不至是，后人临仿不可知，要不可据。"

此帖也著录于《平生壮观》《珊瑚网》等书中，卷后有米友仁跋："褚遂

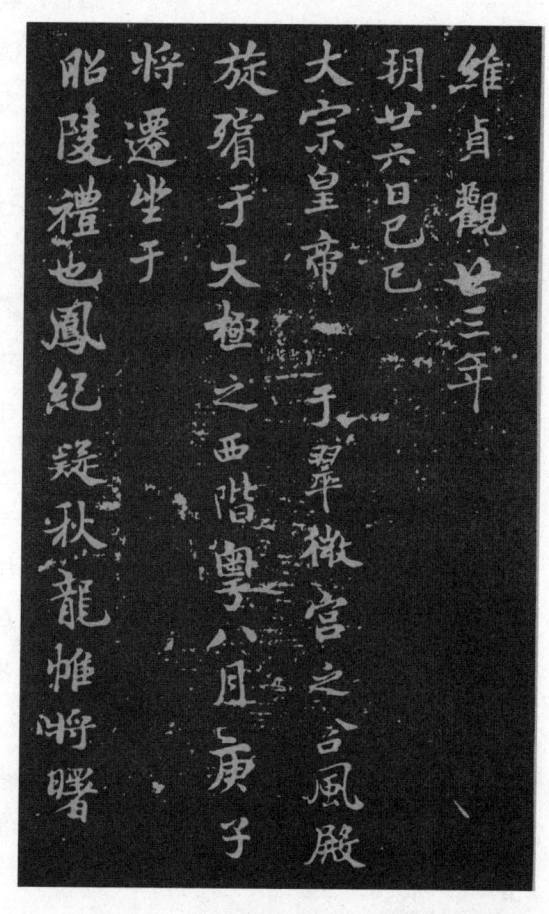

褚遂良《唐太宗哀册》（局部）

良书在唐贤诸名世士书中最为秀颖，得羲之法最多。真字有隶法，自成一家，非诸人可以比。此书盖晚年。绍兴丙辰十二月初五日，臣友仁审定。"更进一步言，"似奇而正，龙翔凤翥"之笔法是受右军的影响。是帖气度之上，笔短意长，而且拙中带趣，含有钟太傅的神理。米襄阳临学褚书就是从该帖初始的。

观此帖可以同褚遂良摹小楷《飞鸟帖》联系起来，尤其在结体上呈扁平状，左低右高，更与《飞鸟帖》相近。细观此帖，我们会有新的发现，即褚遂良行书不但开启了米芾小行书的门户，同时也开启了苏轼行书的门户。此话或谓失之武断，但其扁平的结体，左低右高的取势，还有捺画的伸展和出锋时的上扬，均从苏轼作品中找到相似之处。再细看，其竖钩的处理，其横画的横向排列，不更是苏轼行书、行楷的来源吗？当然，此帖后部有不少笔画显得靡弱而不坚实，失之疲软，这或许是摹刻不精所致。今人欣赏与临摹是帖于此当有所警惕。

《唐太宗哀册》释文：

文皇哀册褚遂良书

维贞观廿三年（岁次己酉，五月甲辰）朔，廿六日己巳，太宗皇帝崩于翠微宫之含风殿，旋殡于大（太）极之西阶。粤八月庚子，将迁坐于昭陵，礼也。凤纪疑秋，龙帷将曙，（溢）化同轸，绵区缟素。哀子嗣皇帝，览风树而增感，攀铜池而拊膺。迫宗祧之是寄，伤往驾之无凭。奠樽盈而悲序促，灵景翳而愁云兴。去剑滋远，清微方阐。爰诏司存，传芳琼宇。其词曰：三微固祉，五曜垂文。光昭司牧，对越唐勋。族著玄牝，家传缙云。高祖配天，一人有庆。大行神武，维几作圣。良书自得，高文成性。凤表余雄，先怀反正。苍咒爰发，朱旗首令。环瀛昏垫，关洛荒芜。妖倾地轴，盗弄乾枢。戎衣光启，霸政宏谟。天兵电照，月阵风驱。蚩尤递翦，獯鬻咸诛。闰位不虔，余分兴庆。先收秦组，次焚商袟。转圆上略，容光下济。徙邑垂仁，宾门洒惠。修风顺轨，凝图奉睿。青庆同规，玄珠叶契。发挥三五，声明遐裔。泛野休兵，灵台偃革。升严藏铣，遵河奉璧。学肆徐轮，丘园散帛。就日攸宜，如天在斯。刑哀动植，化美埙篪。乐华曾举，礼叶旁垂。沙场罄翦，斗极咸羁。狼山入囿，瀚渚归池。东旌若木，西旆条支。龙乡委尽，鸟服来仪。大矣乘时，悠哉利见。文龟浮沼，应龙在淀。瀸露飞甘，卿云呈绚。松蕞望幸，瑶华方荐。仙丹敛术，星飞告变。凝泳气于千年，掩璿晖于离殿。呜呼哀哉！商管初飞，秋弦罢俏。惊川悠缅，宫车晏出。大隧弗营，元龟献告。展辂效驾，羲和司日，迫灵心于将饯，痛皇情其如失。凝清秋于广陌，溯悲风于长术（树）。经柏梁而徐转，迈兰池而从跸。竿轻旆之逶迤，动边笳之萧瑟。呜呼哀哉！周营甫竁，汉启泉闸。谷林摇落，桥岩变衰。平原凄兮白日远，深渚澹兮秋云飞。览铜雀而兴慕，伤鼎湖之不归。呜呼哀哉！嵴陵玄壤，隔山穷路。虚卫翻英，轻池委素。羲庭易晚，松阴难曙。万方悲而雨泣，三灵惨而云冱。嗟厚德之长违，仰高天而攀慕。呜呼哀哉！崇基永焕，置业方昭。遗风余烈，天长地遥。想神襟而腾茂，纵史笔而扬翘。笼嘉声于日月，终有裕于唐尧。呜呼哀哉！

行书《潭府帖》

该帖书于显庆元年（656）五月八日。行书，凡12行，每行10、11字不等。是帖为褚遂良在潭州时给外孙的信札。褚遂良手札不多见，此又系晚年所书，书风不离王羲之体系，为初唐风尚。此帖刻入《淳化阁帖》《东书堂集古法帖》《宝贤堂集古法帖》《泼墨斋法书》《契兰堂法帖》等。宋人已断为伪作。黄伯思《东观余论》卷上："《潭府帖》河南谪潭时，无有薛姓为侍中者。""及观字势，亦学褚作妩媚态，其伪必矣。"认为是伪作，文见《全唐文》卷一四九。此帖无论真伪，其风格和境界比较多地呈现出晋和初唐的追求，尤其其从容典雅，不激不厉的风韵仍然值得赞许。但其结构显呆板，线条欠灵动和神采，在《淳化阁帖》中，算不上上乘。

《潭府帖》释文：

潭府下湿，不可多时，深益愦领。况兼年暮，诸何足言。疾患有增，医疗无损。朽草枯木，安可嗟乎。自离王畿，亲故阻越，每思宿襄，宁喻于心。承汝立行可暮，出言成轨。迁居要职，擢任雄台。闻之嘉声，增以羡慕。更得汝状，重美吾诚。因奏事闲，方便在意。徒居此土，深成要佳汝悉也。五月八日，舅遂良报薛八侍中前。

摹王羲之《长风帖》

硬黄纸本，草书，凡两段。第一段3行，第二段8行。本幅27.5厘米×40.9厘米。拖尾三段，一段27.5厘米×102.4厘米，二段27.5厘米×73.6厘米，三段28厘米×53.9厘米。《石渠宝笈初编》著录，载《故宫书画录》卷一，台北故宫博物院藏，今载《故宫历代法书全集》（一）。

唐李嗣真《书后品》云："褚氏临写右军，亦为高足，丰艳雕刻，盛为当今所尚。但恨乏自然，功勤精悉耳。"宋朱长文《墨池编》谓褚遂良"师逸少之法，瘦硬有余"。明项穆《书法雅言》谓褚氏书"遒劲温婉，丰美富艳，第乏天然，过于雕刻"。

此卷为临书，凭我们今人的体会都知道，临书都难以摆脱被临作品的制约，而唐人对王羲之更难擅自越出轨则。值得注意的是，不能越出轨则就更接近右军原书，更多地保留了右军此卷的基本面目；其次，看褚氏运笔健劲而丰腴、内涵充实、骨肉停均，显示出个人的超凡功力。

更值得注意的是此临作与褚摹《兰亭》有一个十分相似的地方，那就是比较明显地保留了作者个人的风貌，从褚字上看，第七行"昔日也"三字已远远脱离了原帖面目。从线条上看，方笔较多，其厚重远远不是右军之风格了。前人所评："师逸少之法，瘦硬有余。"现在此帖已全然不存在了。

摹王羲之《长风帖》释文：

每念长风，不可居忍。昨得其书，既毁顿，又复壮温，深可忧。

知贤室委顿，何以便尔，甚助耿耿，念劳心。知得廿四日书，得（叔）虎廿二日书，云新年乃得发。安石昨必欲剋，潘家欲剋廿五日也。足下以语张令未？前所经由，足下近如似欲见。今送致此四纸飞白，以为何似？能学不？

临王献之小楷《飞鸟帖》

该帖麻纸本，正楷书。正文 20 行，款 1 行。本幅 22 厘米×47.4 厘米，前隔水 21.9 厘米×13.2 厘米，拖尾 21.9

厘米×40.4厘米。台北故宫博物院藏，今载《故宫历代法书全集》（一）。

顾复《平生壮观》卷一："换蜡笺，小楷仿大令，与《西升经》颇相类而少逊之，本身有秋壑图书。"

有学者认为，《飞鸟帖》筋骨不能称其肉，笔缓意迟，且结体中有褚以后百余年颜真卿《多宝塔》类的结法，笔调中无意趣可言，与褚书的精髓风马牛不相及。此纯系后人之伪作。

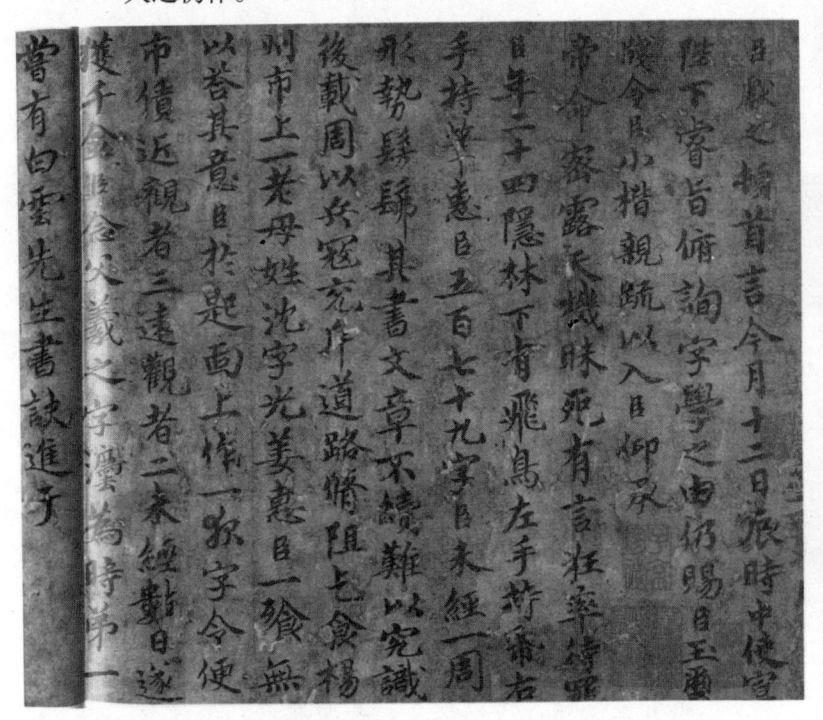

褚遂良摹王献之《飞鸟帖》（局部）

现在观此临作，我们仍然赞成米芾的看法，"虽临王书，全是褚法"。此作确有《黄庭经》《乐毅论》的晋人风采，但同时明显地看出褚氏个人的风格，其扁平的结字与小楷《阴符经》完全不同，而更与《文皇哀册》结构类似，尤其是宝盖头和竖钩的造型，更像是褚遂良自己的风格。此作在今人眼里，竟是非常优秀的作品了，其古雅静穆足以给后人提供学习和创作的资源。

临王献之小楷《飞鸟帖》释文：

臣献之顿首言：今月十二日辰时，中使宣陛下睿旨，俯询字学之由，仍赐臣玉玺笺，令臣小楷亲疏以入。臣仰承帝命，密露天机，昧死有言，狂率待罪：

　　臣年二十四隐林下，有飞鸟左手持纸，右手持笔，惠臣五百七十九字。臣未经一周，形势仿佛。其书文章不绩，难以究识。

　　后载周以兵寇充斥，道路修阻，乞食扬州市上，一老母姓沈字光姜，惠臣一飧，无以答其意，臣于□面上作一报字，令便市赁，近观者三《淳化阁帖》，远观者二，未经数日，遂获千金。臣念父羲之字法为时弟一，尝有白云先生书诀进于先帝御府。蒙眷奖过厚，锡予有加，而臣书画不逮臣父，低益惭愧，所有书诀谨别录一本，投进宸扆，伏乞机务燕闲留神披览，不胜万幸。臣献之顿首死罪。

　　臣褚遂良临

行书《家侄帖》

　　该帖见《淳化阁帖》卷四，此帖真伪不易断定。从文字内容看是一封平常的书信，就书法看确是褚法。黄伯思说："乃河南得意书，翩翩有逸、敬体。"清王澍则认为："此帖笔势肥浊，骨韵软缓，全带俗气，定是伪书。不知长睿何见，遽有此语。董思白每为学者论书，辄亦拈此为法，所未喻也。"这迥然相反的看法，很可能是各自所见的拓本优劣悬殊而形成的。从作品面貌与风格看，此帖与《枯树赋》《潭府帖》《山河帖》以及褚摹《兰亭序》比较，差距甚远，尤其外拓笔法较多，圆转厚重多，健丽平和少，不少字更接近颜真卿风格。然而此帖却不乏精彩之处，如其气势夺人，开张飞扬，圆厚沉凝处，都值得学习。

《家侄帖》释文：

家侄至承，法师道体安居，深以为慰耳。复闻久弃尘滓，与弥勒同龛，一食清斋，六时禅诵，得果已来，将无退转也。奉别倏尔逾卅载，即日遂良须鬓尽白，兼复近岁之间婴兹草土燕雀之志，触绪生悲，且以即日蒙恩驱使，尽生报国，涂路近止，无由束带。西眺，于是悲罔更深。因侄还州，惨塞不次。孤子褚遂良顿首，和南世南闻。大运不测天地雨。

行书《山河帖》

该帖见《淳化阁帖》卷四。黄伯思说："《山河帖》乃褚河南所书《枯树赋》中钞出耳，此庾子山作而褚书之。""褚遂良述"四字，后人妄益。

此帖也刻入《淳化阁帖》，但比《潭府帖》要精彩许多。一是典雅静穆之气胜于《潭府帖》。二是结体更加端庄，更加富于神采。线条坚实健丽，除"褚遂良述"四字外，前后风格一致，可谓上乘之作。

《山河帖》释文：

山河阻绝，星双变移。伤摇落之飘零，感依依之柳塞。烟霞桂月，独旅无归。折木叶以安心，系薇芜而长性。鱼龙起没，人和贤知者哉！褚遂良述。

正书《裴艺碑》

自署立于唐贞观二十三年（649）。正书，凡33行，每行71字。额隶书"大唐晋州刺史顺义公碑铭"3行11

字，毕沅《关中金石录》卷二，误以为"篆额"，一说碑额为正书。碑连首263厘米×111厘米。拓本，碑藏陕西昭陵博物馆。

是碑又称《晋州刺史裴艺碑》《晋州刺史顺义公神道碑》《晋州刺史顺义公碑》《顺义公碑》《晋州刺史裴府君碑》。上官仪撰，褚遂良书，碑在陕西礼泉县烟霞乡上古村西南裴艺墓前，一九七五年移入昭陵博物馆。

碑主裴艺，《新唐书》《旧唐书》均无传，仅《唐会要》"昭陵陪葬名氏"中有"晋州刺史裴艺"。是碑磨泐厉害，几乎没有文理可循。从碑中"曾祖定，……郡太守……河东郡□□太中大夫"等字样推知。其祖辈曾任郡守之职，碑中又有"授晋州总管""开皇……遂为乱兵所害，春秋四十有七"等语，裴艺曾任晋州总管，殁于国事，卒年四十七岁；从额题可知，晋州刺史、顺义公二职，盖并为唐时所赠。

是碑著录首见《金石录目》，唯书者姓名残缺，宋陈思《宝刻丛编》卷九引《京兆金石录》"唐上官仪撰，褚遂良书"云云，今从之。毛凤枝《关中金石文字存逸考》卷八，记"上官仪正书"，盖误撰人为书者。上官仪者，乃唐时大手笔（时任起居郎），由他撰文，并中书令褚遂良书，足见其事之重要。碑字较小，孙三赐《昭陵碑考》谓其："字画秀媚而又多健笔，其用笔不类登善，然亦唐初之善书者。"

《裴艺碑》释文：

  碑额：大唐赠晋州刺史顺义公碑铭。
文残。

小楷《灵宝度人经》

《灵宝度人经》是佛家度人的经典，褚遂良所书，阎立本所画。收藏于宋代韩城范正思家中。刻入《博古堂帖》《停云馆帖》《玉烟堂帖》《清鉴堂帖》《餐霞阁法帖》《澄观阁摹古帖》，其墨迹清初尚见著录，吴其贞《书画记》卷三："褚河南小楷《度人经》，书在硬黄纸上，纸墨佳，书法潇洒，结构峭厉，得钟、王遗意，却非褚书，乃宋人书也，在南宋已入石矣。"然而，从近年所见唐人写经墨迹，有《灵宝度人经》风格的几乎未见。我们就作品而论，它确有初唐小楷的感觉，而且明显可以看出其间有钟繇、王羲之、王献之的影子，其书风位于《黄庭经》和《洛神赋》之间，有美人掩薄绢之风情。吴愉庭说："褚公的《灵宝度人经》题字极似《黄庭》，与所书之《圣教序》《孟法师》诸碑差异甚大。贤者本无不能之处。"该帖保持了一个比较高的典雅品格，对今人有一定的参考价值。

寸楷《千字文》

《千字文》黄麻纸本。此帖见于《渤海藏真帖》《澹虑堂墨刻》《莲池书院法帖》。清中叶那彦成刻《莲池书院法帖》中，卷末题云："永徽四年秋八月廿六日中书令褚遂良奉为燕国于公书。"此卷未见宋人著录，至明张丑《清河书画舫》乃有记载。卷中"渊"字无水，"世""民"字皆缺笔，虽然颇具心思，但也不能证明是真迹。就此卷本身，即可证明是伪作：第一，末题"永徽四年"，即与《雁塔圣教序》同年书写，但《雁塔圣教序》雍容娴雅的神趣、变化无方的行

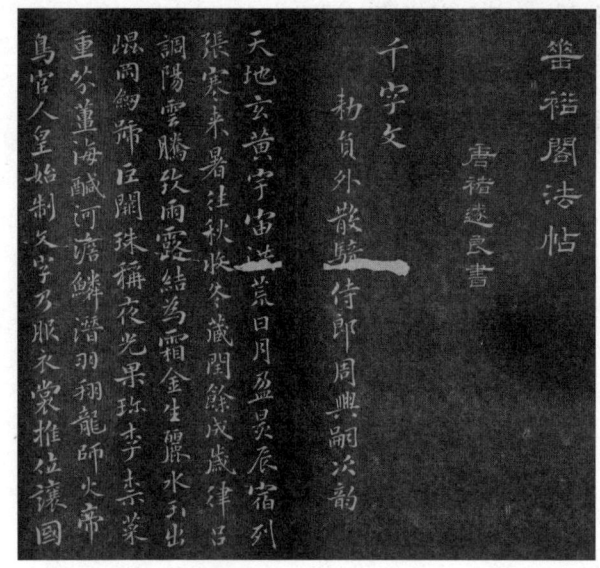

褚遂良《千字文》（局部）

笔，在此却看不到。第二，卷中有些形体乖谬的字与褚书他碑都不合，并非自然的书写习惯，而是出于故意的做作。第三，有不少字左支右绌，字的右下部不是显得局促而不开展，便是空虚不稳，这是由于执笔太低，肘腕不能自如挥运而呈现的马脚。然而此作的确能看出是学褚之人所为，大致体现了一些褚书风格，尤其线条瘦硬表现得比较明显，最大的不足是生硬，线条之间缺乏呼应，因而失之流畅；同时结字板滞雷同，许多相同的部首，没有变化的能力，字与字之间上下罗列而少呼应。整体而言，艺术性不强，不宜今人取法。

但也有不少人对此帖评价较高，说它结体方正，颇有骨力。张丑评道："瘦劲绝伦，楷书的真笔上品，如千丈的云锦，丝理秩然。"宋濂说过这样的话："褚遂良之书，在石刻中所见甚少，更何况其真迹。"现在看所写的千文，柔美险媚，真正如同铁线索结而成。有人评为柳诚悬所临，似乎如此，但其入神之处恐怕非柳诚悬所能至。唐宋以来，此帖真迹一直藏于秘府，所见之人极少。至明代，收藏于韩诗能家中，今天所见之拓本，非常精刻，是初习楷书之人的最好范本。

小楷《老子西升经》

《老子西升经》见董其昌《戏鸿堂帖》，陈息园《玉烟堂帖》中。墨迹清初尚见著录，顾复《平生壮观》卷一："褚书《西升经》，黄蜡笺，宣和收藏。……董文敏云：《老子西升经》，褚河南真迹，米元章评为唐经生书，又云一种好伪物。《西升》束于法度，故米漫仕不甚赏心。"是帖正如杨守敬所说的"是褚法"（见杨守敬《学书迩言·小楷帖》），但褚法不等于就是褚遂良的真迹。米芾《书史》云："唐太宗书窃类子敬。公权能于太宗书卷辨出，而复误连右军帖为子敬。公权知书者乃如此。其跋冯氏《西升经》，唐经生书也，乃谓之褚书者，同也。"由此，我们可以看出，唐朝柳公权已把这《西升经》指为褚遂良书，附会由来已久。应该肯定米芾的鉴定是正确的，确是唐朝具有褚法的经生所书。

行书《帝京篇》

《帝京篇》未见。赵明诚《金石录》卷三："唐《帝京篇》，太宗御制，褚遂良行书，贞观十九年八月。"

《隋清娱墓志》

《随清娱墓志》刻入《郁冈斋墨妙》《泼墨斋法书》《翰香馆法书》。这是彻头彻尾的伪作，《集古求真》《增补校碑随笔》等书，均已指明。

《隋清娱墓志》释文：

> 永徽二年九月，余判同州，夜静坐于西厅，若有若无，犹梦犹醒。见一女子，高髻盛妆，泣谓余曰："妾汉太史司马迁之侍妾也，赵之平原人，姓隋名清娱，年十七事迁，因迁周游名山，携妾于此。会迁有事去京，妾侨居于同。后迁故，妾亦忧伤寻故，瘗于长亭之西。天帝悯妾未尽天年，遂司此土。代异时移，谁为我知，血食何所，君亦将主其他，不揣人神之隔，乞一言铭墓，以垂不朽，余感寤铭之。"

《萧胜墓志》

赵之谦《补寰宇访碑录》、杨守敬《寰宇贞石图》中著录。这是一方普通的唐人墓志，书法算是褚派，却大逊于《王居士砖塔铭》。末行"刺史褚遂良书"六字，乃妄人伪刻。

楷书《同州圣教序》

《同州圣教序》又名《三藏圣教序并记》。楷书，29行，行58字，414厘米×113厘米。唐太宗李世民撰序，唐高宗李治撰记。唐龙朔三年（663）六月刻立。在同州（今陕西大荔县），一九七四年移入西安碑林。《雁塔圣教序》分两石刻，此则共刊一石。螭首四方座，座四周浮雕力士等人物，形象生动。额篆"大唐三藏圣教序记"，碑后题有"大唐褚遂良书在同州倅厅"11字，当是后人所补。此《序》碑和《记》碑合刻一石，碑末题识两行：一行是"龙朔三年岁次癸亥六月癸未朔廿三日乙己建"，一行是"大唐褚遂良书于倅厅"。著录首见《金石录目》。

此碑所传无可信宋拓本。最旧拓本要数明拓，有题签"明拓同州本圣教序记，丙辰之春蓝钰题首"，钤"惜阴堂记""石乐门人""饮冰室藏"印，为梁启超藏本，后有梁启超跋一则。此拓本凡26开，每半开4行，25.5厘米×13.2厘米，今藏中国国家图书馆。

褚遂良逝于唐高宗显庆三年（658），此碑为龙朔三年（663）刻，这时他已去世五年，所以，此碑是否为褚书，尚有争议。有两种意见可供参考：一说是此碑为褚遂良的另一个写本，是他逝世后别人刻上的；另一种意见是说后人仿《雁塔圣教序》摹刻于同州。顾炎武《金石文字记》云："至龙朔三年，则遂良之亡已五年矣，恐是后人追刻。"说"追刻"，也并未否认褚书。又有人认为是《雁塔》的翻刻，但也有疑点不好解释。欧阳辅说："《记》中'能'字、'显'字、'鹜'字皆小于《塔本》，而'伽维''伽'字作'迦'，亦与《塔》字异，又似非《塔本》翻刻，或为临本，亦未可知。"那么，《同州》与《雁塔》究竟是什么关系呢？

现代学者徐无闻先生认为，《同州》是《雁塔》的翻本，但是个不很高明也不很忠实的翻版。龙朔三年（663）

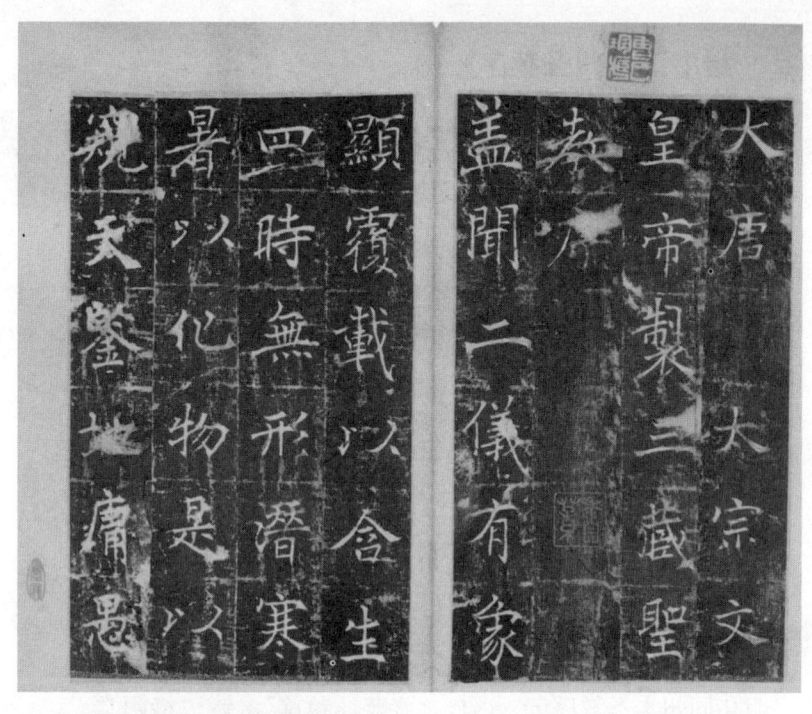

褚遂良《同州圣教序》（局部）

正是拥戴武则天的许敬宗、李义府执政，褚遂良、长孙无忌、韩瑗等人的家族和同党遭到打击迫害的时候，偏偏在褚遂良贬居的同州翻刻《雁塔》，可能暗中含有追念这位冤死的忠臣的意思。由于政治压力的存在，就空着末行的地位而不翻刻褚遂良的名字。因此，现在末行"大唐褚遂良书于倅厅"是唐以后的人妄加。翻刻的情况是怎样的呢？把《雁塔》和《同州》逐字校读，并一一临写便可明白。《雁塔》可以肯定是褚遂良直接书石，不会另留秘籍，同州翻刻者是据《雁塔》的拓本摹写上石的。墨拓术在当时已流行，敦煌发现的唐太宗书《温泉铭》拓本，背面有永徽四年（653）的题字便可证明。这位摹写者用一块块的白纸覆在拓本上，一个一个地依次摹写。他没有采取双勾态内廓的方法，而是凭手写去，如现在的小学生描红那样。一块块写好后，对照着碑文，依次粘贴在由石匠画好了界格的碑石上，再由石匠刻成。这样，《同州》就把《雁塔》的两碑合为一碑，并改变了行次，但字的大小和结构仍与《雁塔》相同。除了前引欧阳辅指出的几个字和最后年月一行外,《同州》和《雁塔》的字都可以重合。由于当时摹写用纸的透明度不强,更由于摹写者原有的水平不高,所以,《同州》基本上保存了《雁塔》的字形结构,而《雁塔》极富于变化的精妙的笔法,却丧失殆尽了。

此碑历来被不少人看作是褚遂良书,甚至还有人认为比《雁塔圣教序》还好。明赵崡《石墨镌华》即谓"此以序记并书一碑,在同州,遒逸婉媚,波拂处如铁线。后署龙朔三年书,似胜慈恩本"。清沈曾植《海日楼札丛》云:"《同州》意在矜严,例以《孟法师》则失之于峻。"清孙承泽评曰:"《同州》饶骨,《雁塔》饶韵,如出二手。《同州》尤有坠石惊雷之势。"这可能是因刻手不一,有数字与雁塔本不一,但线条点画都较《雁塔》有笔力,所以有学者认为此碑为唐精摹本。

从此碑实际来看,确有与《雁塔》相近之处,尤其在结构上许多字可以重合。但其用笔之精妙,笔性之神采,与《雁塔》相比,相差甚远,其所呈现出来的雍容华贵、从容典雅之境界和楷书抒情达意之境界,更是不可同日而语。故学者有了《雁塔》在手,《同州》就只能作为参考而已。但《同州》毕竟基本上保证了字形结构不走样,仍不失为名碑,对初学楷书的人还是可做练习间架结构的范本。

小楷《阴符经》

江苏省泰州市新华书店的工作人员在二十多年前寻访古籍时,购得一方石碑,高 20 厘米,宽 27 厘米,厚 4 厘米半。端石为料,呈紫红色,质地细润。碑刻小楷字,笔力雄健,字势古淡。书店人员酷爱书法,回到店中即行拓印,发现碑文是唐初书法家褚遂良奉旨书写的《阴符经》,被北宋文学家苏辙收藏过,但不知此碑刻于何时。

褚书小楷《阴符经》碑刻 23 行,行 24 字,经文 389 字,留空 3 字,漏写 2 字,共 394 字。首行刻经名"阴符经"三字。第 2 至 17 行,行 24 字,第 18 行刻 8 字,下空

褚遂良《小楷阴符经》（局部）

16格，均为经文。19行又刻"阴符经"三字。第20、21两行，刻"大唐永徽五年岁次甲寅正月初五日奉旨造"。第22、23两行，刻"尚书右仆射监修国史上柱国河南郡臣褚遂良奉旨写一百二十卷"。

与大楷《阴符经》不同，褚书小楷碑刻《阴符经》流传情况很简单，未有过多的经藏人名字著录，只有苏文定公一人，这不足以说明流传不广，北宋末至今已有九百年，经藏此碑之人，定会不少，只不过碑上未见其他人经藏的刻字，这就成了一个不解之谜。

褚遂良小楷碑刻《阴符经》，与大楷手书《阴符经》（上海书画社影印）对照，尽管内容相同，但格式、字体、字数、卷数、衔名不尽相同。见于南宋越州石氏所刻《晋唐楷帖十一种》，明文徵明又据越州石氏本翻刻于《停云馆帖》中。帖尾衔名下有："奉旨写""永徽五年"，下又有"奉旨造"，显然不是褚遂良真迹。但由于书法水平较高，所以文徵明、翁方纲等都相信是真迹。

小楷《阴符经》字大如豌豆，风格与传世的"二王"小楷一派大致相同。此帖风格秀整，颇似《东方朔画赞》。在帖末署名："河南郡臣褚遂良奉旨书一百二十卷。"刻本以越州石氏所刻《晋唐楷帖十一种》为最佳。孙退谷说："晋人物蝇头小楷，其法至虞、褚乃精，而褚更生动。"此为反对武则天立后一年前所书，那年褚遂良五十九岁。此帖字如豆般大小，可以看出当时的视力不错，书写时的心情极佳。楷法端妍，精神如厚尘，偶而展观的话，如麻姑山的仙人掷米粒而变成珠玉般不可思议的妙趣。此帖确有晋唐小楷之意趣，尤其是它的线条厚重，颇有隶意，更有钟繇遗风。其结体扁平，左低右高，可于平整中见灵性。其转折和钩挑处十分浑厚而含蓄，其高古之境界为后人所不及。现在人观之亦能与之发生情感上的共鸣，难能可贵，撇开考据需要，其真伪问题实不足论也。

《草书阴符经》

《草书阴符经》刻入《博古堂帖》《停云馆帖》。衔题"贞观六年（632）奉敕书"。褚遂良最初召见为贞观十二年（638），不应在六年，故杨震方《碑帖叙录》断为伪托。

除了前面已经介绍的作品之外，见于各种著录的，还有以下作品：

1.《褚遂良书》刻入《大观帖》。2.《赐观帖》刻入《汝帖》。3.《六月八日帖》刻入《汝帖》。4.《褚中令》刻入《群玉堂帖》。5.《乐志论》刻入《戏鸿堂法书》。6.《霜寒帖》刻入《式古堂法书》。7.《群真百宝经》刻入《懋勤殿法帖》。8.《贝苓者传》刻入《懋勤殿法帖》。9.《临王献之字学表》刻入《懋勤殿法帖》《墨妙轩法帖》。10.《战国策一则》刻入《古宝贤堂法书》。11.《乐毅论》刻入《滋蕙堂墨宝》。12.《黄庭经》刻入《契兰堂法帖》。13.《美人赋》刻入《契兰堂法帖》。14.《大唐兴寺》藏湖南湘潭博物馆。

附 录

一、褚遂良年谱新编

隋文帝开皇十六年（596），褚遂良一岁。

褚遂良，字登善，生于长安。

《旧唐书》本传："显庆二年，转桂州都督。未几，又贬为爱州刺史。明年，卒官，年六十三。"《新唐书》本传同。参《资治通鉴》卷二〇〇，显庆三年条"是岁，爱州刺史褚遂良卒"云，逆算当生于本年。

杭州钱塘人，郡望出自阳翟，父褚亮，有文集二十卷。

褚亮（560—647），《旧唐书》卷七二《褚亮传》："褚亮，字希明，杭州钱塘人。……其先自阳翟徙居焉。"王昶《金石粹编》卷四八，《褚亮碑》："府君讳亮，字希明，河南阳翟人也。……即府君十一代祖安东将军扬州都督关内侯□□□□……属胡兵入洛，晋马浮江，爰及宋齐□□□□□□。"参《新唐书》卷七二（下）《宰相世系二下》："褚氏出自子姓。……汉梁相褚大，元、成间有褚先生少孙，裔孙重，始居河南阳翟。……孙□，字武良，晋安东将军，始徙丹阳。"钱塘褚氏自十一代祖随晋元帝渡江先迁丹阳。何时何人自丹阳徙钱塘，王昶《褚亮碑》题跋以为："来年感之先世自高祖以下，历仕齐、梁、陈、隋诸朝，碑略可见，则自丹阳徙钱塘必在高、曾之世矣。"盖是。

《褚亮碑》："前后所制文集，撰成二十卷。"《旧唐书》卷四七《经籍下》："《褚亮集》二十卷。"

《旧唐书》卷七二《褚亮传》："曾祖湮，梁御史中丞；祖蒙，太子中舍人；父玠，陈秘书监，并著名前史。"按，湮，唐《新书世系表》记作："汉，梁御史中丞。"《南史》卷二八《褚裕之传》作："沄，字士洋，仕梁为曲阿令，历晋安王中录事、正员郎、乌程令。……还为太尉属、延陵令、中书侍郎、太子率更令、御史中丞、湘东王府谘议参军。"三说之异，无考。蒙，世系表误作"象"。

　　褚玠（529—580），字温理，《南史》有传，附《褚裕之传》后，有记"及为御史中丞，甚有直绳之称，卒于官，皇太子亲制志铭以表惟旧。至德二年（757）赠秘书监。"旧书所记"秘书监"，盖误赠官为实授。父亮，年三十七岁，时为东宫学士。《旧唐书》卷四七《经籍下》："《褚玠集》十卷。"

　　《旧唐书》本传："褚遂良，散骑常侍亮之子也。"参同书《褚亮传》："陈亡，入隋为东宫学士，大业中，授太常博士。"云，是时父亮职守为东宫学士。

　　《旧唐书》本传："（贞观）二十一年，以本官检校大理卿，寻父忧解。明年，起复旧职，俄拜中书令。"参《旧唐书》卷三《太宗下》：贞观二十二年"二月，前黄门侍郎褚遂良起复为黄门侍郎。……九月己亥，黄门侍郎褚遂良为中书令"。其父忧盖在贞观二十一年。《旧唐书·褚亮传》："卒时年八十八。"由是推算本年三十七岁。

　　母柳氏。
　　《褚亮碑》："夫人柳氏，亦同安厝。"
　　兄遂贤。
　　《旧唐书·褚亮传》："长子遂贤，守雍王友。次子遂良，自有传。"《褚亮碑》："子□□□普州长史，袭封阳翟侯遂贤。"《宝刻丛编》卷七引《京兆金石录》："《雍王友褚遂贤墓志》，孟利贞撰，上元三年（676）。"或卒于上元元年（674），雍王友为其终官。

　　隋炀帝大业元年（605），褚遂良十岁。

褚遂良父亮为太常博士。

《隋书》卷七《礼仪二》:"大业元年,炀帝欲遵周法,营力七庙,诏有司详定其礼。礼部侍郎、摄太常少卿许善心,与博士褚亮等议曰:……"按,《旧唐书》:"大业中,授太常博士。"《褚亮碑》:"大业七年,授太常博士。"七年盖"元年"之讹。《旧唐书》"大业中",微误。

隋炀帝大业二年(606),褚遂良十一岁。

欧阳询出任太常博士,晋王府学士潘徽、著作郎陆从典、太常博士褚亮、欧阳询等人奉诏助越国公杨素撰《魏书》,会素卒而止。

《隋书》卷七六《潘徽传》:"炀帝嗣位,诏(晋王府学士)徽与著作郎陆从典、太常博士褚亮、欧阳询等助越国公杨素撰《魏书》,会素薨而止。"参同书卷三《炀帝上》:"(七月)乙亥,上柱国、司徒、越国公杨素薨。"其奉诏撰修《魏书》,盖在本年。七月癸丑朔,乙亥,二十三日。欧阳询入隋职官未详,参同书卷五八《柳□传》:"(晋)王好文雅,招引才学之士诸葛颖、虞世南、王胄、朱瑒等百余人以充学士。"云,虞世南、王胄、王眘、朱瑒、庾自直、虞绰等人并为陈朝遗臣,其或先为晋王府学士,本年除太常博士。

《旧唐书》本传:"遂良博涉文史,尤工隶书,父友欧阳询甚重之。"其欧阳询、褚遂良之交,或始于是时。

隋炀帝大业九年(613),褚遂良十八岁。

六月,杨玄感于黎阳起兵反对隋炀帝。八月,宇文述等破杨玄感于阌乡,并将其斩首,很快把杨玄感所部镇压了下去。为了压惊,隋炀帝决定改置宗庙,当时褚遂良父褚亮上奏反对,结果未能实行,隋炀帝震怒,并说他与杨玄感有旧交,所以褚亮被贬西海郡(今青海共和县)司户。遂良、遂贤二兄弟也随其父踏上了陇西之路。

《旧唐书·褚亮传》:"时炀帝将改置宗庙,亮奏议曰:……议未行,寻坐与杨玄感有旧,左迁西海郡司户。"

时京兆郡博士潘徽亦以笔札为玄感所礼,降至威定县主簿。……亮与同行,至陇山,徽遇病终,亮亲加棺殓,瘞之路侧,慨然伤怀,遂题诗于陇树,好事者皆传写讽诵,信宿遍于京邑焉。"参《隋书》卷四,《炀帝下》记:"(九年)八月壬寅,左翊卫大将军宇文述等破杨玄感于阌乡,斩之。余党悉平。"褚亮坐贬,盖在八月壬寅即朔日平杨之后。

隋炀帝大业十四年、唐高祖武德元年(618),褚遂良二十三岁。

十一月初八,秦王李世民收降薛举子仁杲,褚亮父子并入唐,亮拜秦王府文学,遂良为秦王府铠曹参军。

《旧唐书》卷七二《褚亮传》:"及灭举,太宗闻亮名,深加礼接,因从容自陈,太宗大悦,赐物二百段,马四匹。从还京师,授秦王府文学。"秦王李世民收降西秦,胜利回京,《资治通鉴》:"仁果(杲)计穷,己酉,出降;得其精兵万余人,男女五万口。……世民闻亮名,求访,获之,礼遇甚厚,引为王府文学。……癸亥,秦王李世民至长安……"十一月壬寅朔,己酉,初八。癸亥,二十二日。褚亮父子入唐,盖在初八之后。其授王府文学,又当在二十二之后。

《旧唐书》本传:"(薛)举败归国,授秦州都督铠曹参军。"《新唐书》本传:"(薛)仁杲平,授秦王府铠曹参军。"按,秦州都督府,隋名总管府,武德四年(621)始改都督府,故《旧唐书》卷六一《窦轨传》记:"武德元年,授太子詹事。会赤排羌作乱,与薛举叛将钟俱仇同寇汉中,拜轨秦州总管。"李渊武德二年(619)二月《遣使安抚益州诏》亦记:轨"秦州总管"(《全唐文》卷二)。总管府制同州郡,并置功、仓、户、法、士六曹,不见有铠曹一职。铠曹即后之胄曹,为左右卫率属官。东宫铠曹"掌器械,公廨营缮。"(《新唐书》卷四九上《百官四上》)。据《旧唐书》卷四二《职官总论》所记,武德初年秦王、齐王两府，及武德四年（621）天策上将府制同东宫，并置铠曹两职，可知褚遂良自西秦归唐，初为秦王府铠曹参军，《新唐书》所记为是，《旧唐书》所记"秦州都督铠曹参军"者，误。

唐高祖武德四年（621），褚遂良二十六岁。

五月初二，秦王李世民破窦建德于虎牢，平河北。欧阳询、虞世南并入唐。李世民授虞世南为秦王府记室参军。时褚遂良为秦王府铠曹参军，始交于虞世南。

《旧唐书·虞世南传》："太宗灭建德，引为秦府参军。寻转记室，仍授弘文馆学士。"同书卷一，《高祖纪》：武德四年"五月己未，秦王大破窦建德之众于虎牢，擒建德，河北悉平"。参同书卷三《太宗纪》记虎牢之役："斩首三千余级，虏其众五万，生擒建德于阵。"欧阳询、虞世南入唐，当在虎牢之役后。五月戊午朔，己未，初二。弘文馆事在贞观初年，虞世南时任著作郎，不当职掌文翰。其初为文学馆学士，《旧唐书》云"弘文馆"，误。

秦王李世民开文学馆，虞世南、杜如晦、房玄龄、于志宁、褚亮等十八学士为文学馆学士。《唐会要》卷六四"文学馆"："武德四年，秦王既平天下，乃锐意经籍，于宫城之西，开文学馆，以待四方之士。于是以僚属大行台司勋郎中杜如晦，记室考功郎中房玄龄及于志宁，军谘祭酒苏世长，安（天）策府记室薛收，文学褚亮、姚思廉，太学博士陆德明孔颖达，主簿李元道，天策仓曹李守素，记室参军虞世南，参军事蔡允恭、颜相时，著作佐郎天策记室许敬宗、薛元敬，太学助教盖文达，军谘典签苏勖等，并以本官兼文学馆学士。"

欧阳询为高祖李渊隋时友朋，入唐授给事中。

《旧唐书》卷一九八（上）《欧阳询》："高祖微时，引为宾客。及即位，累迁给事中。"询之迁给事中，盖在五月入唐之后。

唐高祖武德九年（626），褚遂良三十一岁。

六月初四，秦王李世民立为皇太子，十二日虞世南迁太子中舍人，褚遂良父褚亮为太子舍人，迁太子中允。

《旧唐书》卷七二《虞世南传》："太宗升春宫，迁太子中舍人。"同书同卷，《褚亮传》："太宗入居春宫，除太子舍人，迁太子中允。"同书卷一《高祖纪》：武德九年"六月庚申，……诏立秦王为皇太子，继统万机，大赦天下"。《资治通鉴》卷一九一："（武德九年六月）戊辰，以宇文士及为太子詹事，……虞世南为中舍人，褚亮为舍人，姚思廉为洗马。"六月丁巳朔，庚申，初四日。戊辰，十二日。

八月初八日，皇太子李世民即皇帝位，虞世南转著作郎。九月偕欧阳询以本官兼弘文馆学士，褚遂良检校馆务，号馆主。

《旧唐书》卷七二《虞世南传》："及即位，转著作郎，兼弘文馆学士。"太宗即位，《高祖纪》记为"八月癸亥"，《太宗纪》同。八月丙辰朔，癸亥，初八日。参《唐会要》卷六四"弘文馆"："（武德九年）其年九月，太宗初即位，大阐文教，于弘文殿聚四部群书二十余万卷，于殿侧置弘文馆，精选天下贤良文学之士，虞世南、褚亮、姚思廉、欧阳询、蔡允恭、萧德言等以本官兼学士，令更宿直，听朝之隙，引入内殿，讲轮文义，商量政事，或至夜分方罢。令褚遂良检校馆务，号为馆主。"欧阳询、虞世南以本官兼弘文馆学士，褚遂良检校馆务，或出同时而始于九月。

唐太宗贞观元年（627），褚遂良三十二岁。

奉敕虞世南偕欧阳询入弘文馆教示楷法，时有二十四人入馆学习书法。

《唐会要》卷六四"弘文馆"："贞观元年敕，见在京官文武职事五品已（以）上子，有性爱学书者，及有书性者，听于（弘文）馆内学书，其书法内出。其年有二十四人入馆，敕虞世南、欧阳询教示楷法。"褚遂良时为馆主，检校馆务，虞世南、欧阳询教授或出其意。

唐太宗贞观二年（628），褚遂良三十三岁。

十一月二十一日，置书学，隶国子监。

《唐会要》卷六六"广文馆"："书算学，贞观二年十二月二十一日置，隶国子监。"

唐太宗贞观三年（629），褚遂良三十四岁。

诏褚遂良撰《慈云寺碑》。

《唐会要》卷四八"寺"："贞观三年十二月一日诏……仍命虞世南、李百药、褚遂良、颜师古、岑文本、许敬宗、朱子奢等为碑记，铭功业。……破宋金刚于晋州，立慈云寺，起居郎褚遂良为碑铭。……以上并贞观四年五月建造毕。"此说有误，因为此时褚遂良是秘书郎，褚遂良任起居郎在贞观十年（636）。是诏，《旧唐书》卷二《太宗纪》记在十二月癸丑，即十七日，且褚遂良作褚亮，不知何故，俟考。褚遂良碑铭已佚。

唐太宗贞观四年（630），褚遂良三十五岁。

九月底，褚遂良随驾幸陇州，其经扶风旧战场，唐太宗命褚遂良作诗《奉和行经破薛举战地应诏》。

孙望《全唐诗补逸》卷一引《武林往哲遗著》褚遂良《奉和行经破薛举战地应诏》："王功先美化，帝略蕴戎昭。鱼骊入丹浦，龙战起鸣条。长剑星光落，高旗月影摇。昔往摧勍寇，今巡奏短箫。旌门丽霜景，帐殿含秋飙。□池冰未结，宫渡柳初凋。边烽夕雾卷，关阵晓云销。鸿名兼辙迹，至圣俯唐尧。睿藻烟霞焕，天声宫羽调。平分共饮德，率土更闻《韶》。"《新唐书》卷二《太宗纪》："薛举攻扶风，太宗击败之，斩首万余级，遂略地至陇右。""（贞观四年）冬十月壬辰，幸陇州，曲赦陇、岐二州，给复一年。"其经扶风旧战场，盖在本年幸陇途中，时在十月壬辰（朔日）之前，即九月底。

有《枯树赋》，托名褚遂良楷书。

岳珂《宝真斋法书赞》卷八，有唐摹本褚遂良楷书庾信《枯树赋》44行，凡467字。末记："贞观四年（630）十月初八，为燕国公书。"按，燕国公乃于志宁，《旧唐书》卷七八《于志宁传》记其："永徽元年，加光禄大夫，晋封燕国公。"是时为黎阳县公。岳珂所谓"志宁盖袭祖谨爵，意史所载岁月或误"云，盖出臆说。是赋与徐浩《古迹记》所记当别是一本，或因徐浩之记而作赝鼎。

唐太宗贞观六年（632），褚遂良三十七岁。

整理御府所藏古今工书及钟、王等人真迹凡一五一〇卷。

《唐会要》卷三五记载，在该年的正月初八，太宗下令整理内府所藏的钟繇、王羲之等人真迹，计一千五百一十卷。褚遂良参与了这次整理活动，众多的王羲之的真迹，使他大开眼界。

褚遂良奉敕书《阴符经》，草书，凡五十本。

叶奕苞《金石录补》卷一〇："右《阴符经》，河南有草、正二书。草书题云'贞观六年九月二十八日，臣遂良奉敕书五十本。'"著录首见石邦哲《博古堂帖存》，记在越州。

唐太宗贞观九年（635），褚遂良四十岁。

褚遂良父封爵阳翟县男，拜通直散骑常侍。

《旧唐书》卷七二《褚亮传》："九年，晋爵员外散骑常侍，封阳翟县男，拜通直散骑常侍，学士如故。"《褚亮碑》："贞观元年，封阳翟县男。""元年"，盖"九年"之讹。

唐太宗贞观十年（636），褚遂良四十一岁。

褚遂良自秘书郎迁起居郎。

《旧唐书》本传："贞观十年，自秘书郎迁起居郎。"

唐太宗贞观十二年（638），褚遂良四十三岁。

五月二十四日，虞世南卒，享年八十一岁。太宗为诗一篇，令褚遂良诣虞世南灵帐读讫焚之，冀世南神识感悟。

《旧唐书》卷七二《虞世南传》:"寻卒,年八十一。太宗举哀于别次,哭之甚恸。赐东园秘器,陪葬昭陵,赠礼部尚书,谥号'文懿'。手敕魏王泰曰:'虞世南于我,犹一体也。是异步却、拾遗补阙,无日暂忘,实当代名臣,人伦准的。吾有小失,必犯颜而谏之。今其云亡,石渠、东观之中,无复人矣。痛惜岂可言耶!'未几,太宗为诗一篇,追述往古兴亡之道,既而叹曰:'钟子期死,伯牙不复鼓琴,朕之此诗,将何以示?'令起居郎褚遂良诣其灵帐读讫焚之,冀世南神识感悟。"虞世南去世时太宗十分悲痛,哭得非常伤心。这位经历了几个朝代的老臣,学综古今、行笃终始、至孝忠直。这件事对褚遂良来说,是一次精神上的莫大震撼,虞世南在政治上、书学上、人品上都给予褚遂良非常大的影响。从另一个方面说,虞世南的去世,又给了褚遂良带来了新的机遇。

虞世南生前曾与褚遂良论书。

刘餗《隋唐嘉话》卷中:"褚遂良问虞监曰:'某书何如(智)永师?'曰:'闻彼一字值钱五万,官岂得若此?'曰:'何如欧阳询?'曰:'闻询不择纸笔,皆能如志,官岂得若此?'褚恚曰:'既然,某何更留意于此?'虞曰:'若使手和笔调,遇合作者,亦深可贵尚。'褚喜而退。"时日无考,姑系于本年。《新唐书》卷一九八《欧阳询传》亦有大体相同的记载。褚遂良为侍书。

《旧唐书》本传:"太宗曾谓侍中魏徵曰:'虞世南死后,无人可以论书!'徵曰:'褚遂良下笔遒劲,甚得王逸少体。'太宗即日召令侍书。"按,召令侍书条出自《谭宾录》,见《太平广记》卷二〇九引,唯其魏徵曰为:"褚遂良后来书流,甚有法则。"《旧唐书》所改,盖出张怀瓘《书断》,或因于唐太宗崇重王羲之者也。

唐太宗贞观十三年(639),褚遂良四十四岁。

褚遂良偕校书郎王知敬等于玄武门四长波门外鉴别王羲之书法真伪。

张怀瓘《二王等书录》:"贞观十三年,敕购求右军书,并贵价酬之,四方妙迹,靡不毕至。敕起居郎褚遂良、校书郎王知敬等于玄武门西长波门外科简。内出右军书,相共参校,令典仪王行真装之。"参徐浩《古迹记》:"钟繇、张芝、芝弟昶、王羲之父子书四百卷,以及汉、魏、晋、宋、齐、梁杂迹三百卷,贞观十三年十二月装成部帙。"云,褚、王于玄武门西长波门外科简古迹,盖在本年十二月之前。

褚遂良撰有《王羲之书目》正书四十帖,行书十八帖。

张彦远《法书要录》卷三《晋右军王羲之书目》(正书、行书):"晋右军王羲之正书、行书目,贞观年河南公褚遂良中禁西堂临写之际,便录出。"盖录于玄武门西长波门外科简同时。

四月初九,出《乐毅论》,摹拓赐诸臣,褚遂良撰《拓本乐毅记》志之。

褚遂良《拓本乐毅记》:"贞观十三年四月初九,奉敕内出《乐毅论》,是王右军真迹。令将仕郎直弘文馆冯承素摹写,赐司空赵国公长孙无忌、开封仪司三司尚书左仆射梁国公房玄龄、特进尚书左(右)仆射申国公高士廉、吏部尚书陈国公侯君集、特进郑国公魏徵、侍中护军安德郡开国公杨师道等六人。于是在外乃有六本,并笔势精妙,备尽楷则,褚遂良记。"

十二月,内库图书装成部帙,褚遂良等排署名记。其草迹用楷书小字帖纸影之。

徐浩《古迹记》:"钟繇、张芝、芝弟昶、王羲之父子书四百卷,以及汉、魏、晋、宋、齐、梁杂迹三百卷,贞观十三年十二月装成部帙,以贞观字印印缝,命起居郎褚遂良排署如后。"韦述《叙书录》:"自太宗贞观中搜访王右军等真迹,出御府金帛,重为购赏,由是人间古本,纷然毕进,帝令魏少师、虞永兴、褚河南等定其真伪。右军之迹，凡得真行二百九十纸，装成七十卷。草书二千纸装为八十卷。小王及张芝等，亦各随多少，勒为卷帙，以贞观字为印印缝及卷之首尾。其草迹，又令河南真书小字帖纸影之。其古本亦有是梁隋官本者，梁则满骞、徐僧权、沈炽文、朱异，隋则江总、姚察等署记其后。太宗又令魏、褚等卷下更署名记褚遂良。"

十九日，有王廙书一卷，褚遂良更署名记。

卢元卿《法书录》："《晋平南将军荆州刺史琅邪王廙书一卷》：……贞观十三年十二月十九日起居郎褚遂良……"

唐太宗贞观十四年庚子（640），褚遂良四十五岁。

三月二十三日，有王羲之书法一卷四帖，褚遂良后署名。

卢元卿《法书录》："《晋右将军会稽内史赠金紫光禄大夫琅邪王羲之字逸少书一卷四帖》。贞观十四年三月二十三日臣蔡装。……起居郎臣褚遂良。……有贞观印字及李氏印。"褚遂良谏唐太宗戏言臣下。

《旧唐书》卷七五《张玄素传》："十四年，（张玄素）擢授银青光禄大夫，行太子左庶子。"……是岁，太宗曾对朝问玄素历官所由，玄素既出自刑部令史，甚是惭耻。任谏议大夫褚遂良上疏曰："臣闻君子不失言于人，圣主不戏言于臣。言则史书之，礼成之，乐歌之。居上能礼其臣，臣始能尽力以奉上。近代宋孝武轻言肆口，侮弄朝臣，攻其门户，乃至狼狈。良史书之，以为非是。陛下昨见张玄素云：'隋任何官？'奏云：'县尉。'又问：'未为县尉以前？'奏云：'流外。'又问：'在何曹司？'玄素将出阁门，殆不能移步，精爽顿尽，色类死灰。朝臣见之，多所惊怪。大唐创立，任官以才，卜祝庸保，量能使用。陛下礼重玄素，频年任使，擢授三品，翼赞皇储，自不可更对群臣，穷其门户，弃昔日之殊恩，成一朝之愧耻。人君之御臣下也，礼义以导之，惠泽以驱之，使其负戴玄天，罄输臣节，犹恐德礼不加，人不自励？若无故忽略，使其羞惭，郁结于怀，衷心靡乐，责其伏节死义，其可得乎？"书奏，太宗谓遂良曰："朕以（已）悔此问，今得卿疏，深会我心。"具体月日，无考。

唐太宗贞观十五年（641），褚遂良四十六岁。

欧阳询卒，年八十五岁。卒日无考。传世名作有七十岁作《宗圣观记》（隶书），七十五岁作《赠徐州都督房彦谦碑》（隶书）和《化度寺邕禅师舍利塔铭》（正书），七十六岁作《九成宫醴泉铭碑》（正书），八十一岁作《虞恭公温彦博碑》（正书）和《皇甫诞碑》（正书），此外还有《唐谨碑》（正书）、《六马赞》（隶书）、《段文振碑》（隶书）等。另外，定武本《兰亭序》亦为其所临。传世的行书墨迹有《仲尼梦奠帖》《张翰思鲈帖》《卜商读书帖》等。在书法理论方面，他为我们留下了《传授诀》《用笔论》等名篇。

褚遂良谏议大夫任上，二月，有谏止捉钱令史，二十三日敕停。

《新唐书》卷五五《食货五》："（贞观）十五年，复置公廨本钱，以诸司令主之，号'捉钱令史'。每司九人，补于吏部，所主才五万以下，市肆贩易，月纳息钱四千，岁满受官。谏议大夫褚遂良上疏：'京七十余司，更一二载，捉钱令史六百余人手受职。太学高第，诸州进士，拔十取五，犹有犯禁罹法者，况廛肆之人，苟得无耻，不可使其居职。'太宗乃罢捉钱令史，复诏给百官俸。"《唐会要》卷九一"内外官料钱上"："贞观十二年二月，谏议大夫褚遂良上疏曰'……'上纳之，其月二十三日敕并停。"按，贞观十二年，褚遂良尚未任谏议大夫，盖在十五年之讹。

与安德郡公驸马都尉杨师道友善，褚遂良与岑文本、刘洎、许敬宗、上官仪、杨续等到其安德山庄宴会赋诗，当时褚遂良作了一首诗《安德山庄池宴集》，师道亦有

《中书寓直咏雨简起居上官学士》诗记其交游。

胡震亨《唐音癸签》卷二七《谈丛三》云："唐朝士文会之盛，有杨师道安德山池宴集。"下注："预宴赋诗者有岑文本、刘洎、褚遂良、许敬宗、上官仪及师道兄杨续。"《全唐诗》卷三三，有褚遂良《安德山庄池宴集》云："伏枥丹霞外，遮园焕景舒。行云泛层阜，蔽月下清渠。亭中奏赵瑟，席上舞燕裾。花落春莺晚，风光夏叶初。良朋比兰蕙，雕藻迈琼琚。独有狂歌客，来承欢宴余。"从诗中看，时当值春夏之交。

杨师道（？—647），字景猷，弘农华阴人，高祖第五女桂阳公主驸马，官至中书令，封安德郡公。《新唐书》《旧唐书》有传，见《旧唐书》卷六二，《新唐书》卷一〇〇《杨恭仁传》附。《旧唐书》本传称："师道退朝后，必引当时英俊，宴集园池，而文会之盛，当时莫比。雅善篇什，又工草隶，酬赏之际，援笔直书，有如宿构。"

六月二十一日，谏止封禅，从之。

《旧唐书》本传："十五年，诏有事太（泰）山，先幸洛阳，有星孛于太微，犯郎位。遂良言于太宗曰：'陛下拨乱反正，功超前烈，将告成东岳，天下幸甚。而行至洛阳，彗星辄见，此或有所未允合者也。且汉武优柔数年，始行岱礼，臣愚伏愿详择。'太宗深然之，下诏罢封禅之事。"参同书卷三，《太宗下》："（六月）己酉，有星孛于太微，犯郎位。丙辰，停封泰山，避正殿如思咎，命尚食减膳。"遂良之谏，《唐会要》卷七引《册府元龟》："六月己酉，有星孛于太微，犯郎位。辛亥，朝散大夫行起居郎褚遂良进曰：'……非惟上亏天意，亦恐下失人心，解而更张，抑有故实。前以来年二月有事泰山，宜停。庶夙夜自修，遂其罪己之志，勤恤匪懈，申其纳隍之情……'"六月辛卯朔，己酉，十九日；辛亥，二十一日；丙辰，二十六日。

迁谏议大夫，兼知起居事。

《旧唐书》本传："其年（贞观十五年），迁谏议大夫，兼知起居事。"

褚遂良谏魏王泰月给料物逾于皇太子。

《旧唐书》本传："时魏王泰为太宗所爱，礼秩如嫡。其年，太宗问侍臣曰：'当今国家何事最急？'……遂良进曰：'当今四方仰德，谁敢为非？但太子、诸王须有定分，陛下宜为万代法，以遗子孙。'……于是限王府官僚不得过四考。"参同书卷七六，《太宗诸子》："濮王泰，字惠褒，太宗第四子也。……十五年，泰撰《括地志》功毕，表上之，诏令付秘阁，赐泰物万段，萧德言等咸加给赐物。俄又每月给泰料物有逾皇太子，谏议大夫褚遂良上疏谏曰：……"按，泰上《括地志》，《唐会要》卷三六，"修撰"记在本年"正月三日"。遂良之谏，盖在六月后谏议大夫任上。

上所参撰之《文思博要目》十二卷。

《新唐书》卷五九《艺文三》："（《文思博要》）目十二卷，右仆射高士廉、……起居郎褚遂郎、……等奉诏撰，贞观十五年上。"《唐会要》卷三六"修撰"："十五年……其年十月二十五日，尚书左（右）仆射申国公高士廉等撰《文思博要》成，凡一千二百卷，诏藏之秘府，同撰人，……起居舍人褚遂良……"十月上《文思博要》全帙，其目盖在本年年初。

魏王泰在洛阳伊阙为长孙皇后造佛龛，十一月立，褚遂良正书，岑文本撰《三龛记》。

欧阳修《集古录跋尾》卷五："唐岑文本《三龛记》，贞观十五年。……右《三龛记》，唐兼中书侍郎岑文本撰，起居郎褚遂良书。"《金石录目》记在十一月。文见《全唐文》卷一五〇。《金石萃编》卷四五记："高一丈六寸，广六尺六寸五分。三十二行，行五十一字正书，额题'伊阙佛龛之碑'，篆书。"

唐太宗贞观十六年（642），褚遂良四十七岁。

褚遂良父褚亮晋爵为阳翟县侯。致仕于家。

《旧唐书》卷七二《褚亮传》："十六年，晋爵为侯，食邑七百户。后致仕于家。"参《褚亮碑》："□□食邑七百户。及年登月制，休老于家。"八十，月制。褚亮致仕，盖始于本年晋爵之后。

徐松《唐两京城坊考》卷三《西京外郭城》记：平康坊"西门之南，尚书左仆射、河南郡公褚遂良宅"。下注："自遂良父太常卿亮居焉。"若是，其家在京师平康坊。《隋唐嘉话》卷中："褚遂良贵显，其父亮尚在，乃别开门。敕尝有以赐遂良，使者由正门而入。亮出曰：'渠自有门。'"其为褚遂良别开门户者，事或在其父致仕之后。

四月二十八日，褚遂良与太宗论起居郎之责，谓："守道不如守官，臣职当载笔，君举必记。"《旧唐书》本传："太宗尝问曰：'卿知起居，记录何事？大抵人君得观之否？'遂良对曰：'今之起居，古左右史，书人君言事，且记善恶，以为鉴戒，庶几人主不为非法。不闻帝王躬自观史。'太宗曰：'朕有不善，卿必记之耶？'遂良曰：'守道不如守官，臣职当载笔，君举必记。'黄门侍郎刘洎曰：'设令遂良不记，天下亦记之矣。'太宗以为然。"《唐会要》卷六三"杂录上"记在本年四月二十八日。

五月初四，京兆至德观立褚遂良正书岑文本撰《孟法师碑》。

陆耀遹《金石续编》卷四："《唐京师至德观法主孟法师碑铭》。……贞观十六年五月戊午早，中书侍郎江陵县开国子岑文本作文，谏议大夫褚遂良书。万文韶刻。"文见《全唐文》卷一五〇。著录首见《集古录跋尾》卷五。五月乙卯朔，戊午，初四。

碑主孟静素（542—638），江夏安陆人，京都至德观道士，贞观十二年卒，年九十七。

唐太宗贞观十七年（643），褚遂良四十八岁。

二月初二，与太宗讨论谏事。

《旧唐书》本传："十七年，太宗问遂良曰：'舜早漆器，禹雕其俎，当时谏舜、禹者十余人。食器之间，苦谏为何？'遂良对曰：'雕琢害农事，纂组伤女工。首创奢淫，危亡之渐。食器不已，必金为之，金器不已，必玉为之。所以诤臣必谏其渐，及其满盈，无所复谏。'太宗以为然，因曰：'夫为人君，不忧万姓而事奢淫，危亡之机可反掌而待也。'"《资治通鉴》卷一九六贞观十七年条下记："二月，壬午。"二月辛巳朔，壬午。初二。

谏议大夫任上，谏皇子年幼者宜留京师，从之。

《新唐书》本传："于时皇子虽幼，皆外任都督、刺史，遂良谏曰：'昔二汉以郡国参治，杂用周制。今州县率仿秦法，而皇子孺年并任刺史，陛下诚以至亲扞四方。虽然，刺史民之师率也，得人则下安措，省事人则家劳劫。故汉宣帝曰：'与我共治，惟良二千石乎？'臣谓皇子未冠者，可且留京师，教以经学，畏仰天威，不敢犯禁，养成德器，审堪临州，然后敦遣。昔东汉明、章诸帝，友爱子弟，虽各有国，幼者率留京师，训饬以礼。迄其世，诸王数十百，惟二人以恶败，自余餐和染教，皆为善良。此前事已验，惟陛下省察。'帝嘉纳。"《旧唐书》记在十七年，《唐会要》记在十六年。今从《旧唐书》。

二月二十八，敕阎立本画武德功臣二十四人像于凌烟阁，虞世南忝列其间。太宗自为赞，褚遂良题之。

封演《封氏闻见记》卷五："贞观十七年，又使（阎）立本图太原幕府功臣长孙无忌等二十四人于凌烟阁，太宗自为赞，褚遂良题之。"参《唐会要》卷四五"功臣"："十七年二月二十八，诏曰：'自古皇王，褒崇勋德，既勒名于钟鼎，又图形于丹青，是以甘露良佐，麟阁著其美；建武功臣，云台纪其迹。司徒赵国公无忌，……故礼部尚书永兴文懿公虞世南……等二十四人，宜酌故实，宏兹令典，可并图画于凌烟阁，庶念功之怀，无谢于前载；

旌贤之义,永贻于后昆"云。阎立本画像,图于凌烟阁,盖在二月二十八日下诏之后,褚遂良题记,当出同时。

四月初一,受诏与司徒长孙无忌等参与审判太子承乾谋反事。七日,谏阻唐太宗立魏王泰为太子,即日与长孙无忌、房玄龄、李勣与遂良等定策,立晋王李治为皇太子。

《旧唐书》卷七六《太宗诸子》:"贞观十七年,齐王祐反于齐州。……会承乾亦外连齐王,系狱昂四,遂告其事。太宗召承乾幽之别室,命司徒长孙无忌、司空房玄龄、特进萧瑀、兵部尚书李、大理卿孙伏伽、中书侍郎岑文本、御史大夫马周、谏议大夫褚遂良等参鞫之,事皆验明。"同书本传:"十七年……其年太子承乾以罪废,魏王泰入侍,太宗面许立为太子,因谓侍臣曰:'昨青雀自投我怀云:'臣今日始得与陛下为子,更生之日也。臣惟有一子,臣百年之后,当为陛下杀之,传国晋王。'父子之道,故当天性,我见其如此,甚怜之。'遂良进曰:'陛下失言,伏愿审思,无令错误也!……陛下今日既立魏王,伏愿陛下别安置晋王,始得安全耳。'太宗涕泗交下曰:'我不能。'即日召长孙无忌、房玄龄、李勣与遂良等定策,立晋王为皇太子。"同书卷三《太宗下》:"(十七年)夏四月庚辰朔,皇太子有罪,废为庶人。……丙戌,立晋王为皇太子。"四月庚辰朔,丙戌,七日。

五月二日,褚遂良以雄雉飞集证明立太子之英明,唐太宗赞扬褚遂良之博识。寻授太子宾客。《旧唐书》本传:"时频有飞雉集于宫殿之内,太宗问群臣曰:'是何祥也?'对曰:'昔秦文公时,有童子化为雉,雌者鸣于陈仓,雄者鸣于南阳。童子曰:'得雄者王,得雌者霸。'文公遂以为宝鸡。后汉光武得雄,遂起南阳而有四海。陛下旧封秦王,此所以彰表明德也。'唐太宗悦曰:'立身之道,不可以无学,遂良博识,深可重也。'寻授太子宾客。"《唐会要》卷二八,"祥瑞上":"(贞观)十七年,三月二日,皇太子初立，有雄雉飞集东宫显德殿前，上问遂良是何祥也？遂良对曰：'……'"三月二日，或出"五月二日"之讹。

闰六月，谏劝唐太宗信守薛延陀的请婚。不纳。

《旧唐书》本传："时薛延陀遣使请婚，太宗许以女妻之，纳其财聘，既而不与。遂良上疏曰：臣闻信为国本，百姓所归。……"《新唐书》于此疏后讲明"不纳"。参《旧唐书》卷三《太宗下》："闰月戊午，薛延陀遣其兄子突利设献马五万匹，牛驼一万，羊十万以请婚，许之。"本年，闰六月，戊申朔，戊午，十一日。其谏劝守信许婚，盖在中旬数日间。

七月，为唐太宗读《太宗实录》。

《唐会要》卷六三"修国史"："贞观十七年七月十六日，司空房玄龄、给事中许敬宗、著作郎敬播等上所撰高祖、太宗《实录》各二十卷。太宗遣谏议大夫褚遂良读之。"其御前读书，盖在同时，或稍后。

奉敕预修《隋书十志》，有《五行志序》。

《北史》卷一〇〇《序传》："十七年，尚书右仆射褚遂良时以谏议大夫奉敕修《隋书十志》。"按《隋书》末附有《宋天圣二年隋书刊本原跋》，其记："贞观三年，续诏秘书监魏徵修《隋史》，左仆射房乔总监。徵又奏于中书省置秘书内省，令前中书侍郎颜师古、给事中孔颖达、著作郎许敬宗撰《隋史》。徵总知其务，多所损益，务存简正。序、论皆徵所作。凡成帝纪五、列传五十。十年正月壬子，徵等诣阙上之。十五年，又诏左仆射于成志、太史令李淳风、著作郎韦安仁、符玺郎李延寿同修《五行志》。凡勒成十志三十卷。"参其注："《五行志序》，诸本云褚遂良作。案本传未尝受诏撰述，疑只为一序，今故略其名氏。"及"《天文》《律历》《五行》三志，皆（李）淳风独作"云。褚遂良预修《隋书十志》而仅撰《五行志序》一文，或奉敕而未能始终者也。

唐太宗贞观十八年（644），褚遂良四十九岁。

二月，两次劝阻太宗亲征高句丽，不从。

《旧唐书》本传："时太宗欲亲征高句丽，顾谓群臣曰：'高句丽莫离支贼弑其王，虐用其人。夫出师吊伐，当乘机便，今因其弑虐，诛之甚易。'遂良对曰：'陛下兵机神算，人莫能知。昔隋末乱离，手平寇乱。及北狄侵边，西蕃失礼，陛下欲命将击之，群臣莫不苦谏，陛下独断进讨，卒并诛夷。海内之人，徼外之国，畏威慑伏，为此举也。今陛下将兴师辽东，臣意荧惑。何者？陛下神武，不比前代人君，兵既渡辽东，指期克捷，万一差跌，无以威示远方，若再发忿兵，则安危难测。'太宗深然之。兵部尚书李勣曰：'近者延陀犯边，陛下必欲追击，此时陛下取魏徵之言，遂失机会。若如圣策，延陀无一人生还，可五十年间疆场无事。'帝曰：'诚如卿言，由魏徵误计耳。朕不欲以一计不当而尤之，后有良算，安肯矢谋。'由是从勣之言，经画渡辽之师。遂良以太宗锐意三韩，惧其遗悔，翌日上疏曰：'……'太宗不纳。"参《资治通鉴》卷一九七贞观十八年条下记："二月，乙巳朔，（相里）玄奖（出使平壤）还，具言其状。……上欲自征高句丽，褚遂良上疏……己酉，上幸灵口。"己酉，五日。褚遂良之谏，盖在五日之前。《唐会要》卷二七记在贞观十九年正月。

三月间，谏十七道巡察缓遣使。

《唐会要》卷七七"巡察按察巡抚等使"："贞观十八年遣十七道巡察。谏议大夫褚遂良谏曰：'臣以为自去年九月不雨，经冬无雪。至今年二月下泽，麦苗如是小可，使人今出，正是农时，普天之下，不能无事。东州追掩，西郡呼集。兼复送迎使人，供拟饮食，道路遑遑，废于田种。使人今犹未发，时节如是小迟，望更过今夏，至来年正月初发遣。'"其既云"二月下泽"，"望更过今夏"，盖谏在三月间。

八月十一日，太宗与司徒长孙无忌论大臣，亟称："学问稍长，性亦坚正，既写忠诚，甚亲附于朕，若飞鸟依人，自加怜爱。"

《旧唐书》卷六五《长孙无忌传》："太宗曰：'朕冀闻己过，公乃妄相谀悦。朕今面谈公等得失，以为鉴戒。言之者可以无过，闻之者可以自改。'因目无忌曰：'……褚遂良学问稍长，性亦坚正，既写忠诚，甚亲附于朕，若飞鸟依人，自加怜爱。'"《太平广记》卷一六九引《唐会要》记在贞观五年；《资治通鉴》卷一九七记在十八年"八月壬子"。今从《资治通鉴》。八月壬寅朔，壬子，十一日。

有疏请立高昌国。

《旧唐书》本传："太宗既灭高昌，每岁调发千余人防遏其地，遂良上疏曰：……复立高昌，非无前例，此所谓有罪而诛之，既伏而立之。四海百蛮，谁不闻见？蠕动怀生，畏威慕德。宜择高昌可立者立之，徵给首领，遣还本国，负戴洪恩，长为藩翰。中国不扰，既富且宁，传之子孙，以贻永世。"参《唐会要》卷九五"高昌"："十四年四月八日，……平高昌国，……太宗欲以其地为州县，魏徵谏曰：'……'上不从，黄门侍郎褚遂良上疏曰：'……'"其疏谏立高昌国者，在黄门侍郎任上。参其疏有"陛下诛灭高昌，威加西域，……然则王师初发之岁，河西供役之年，非当挽粟，十室九空，数郡萧然，五年不复"云，时当在本年春初。

九月，以黄门侍郎参朝政。

《旧唐书》本传："十八年，拜黄门侍郎，参综朝政。"参同书卷三《太宗下》："九月，黄门侍郎褚遂良参与朝政。"又记："秋八月……丁卯，散骑常侍清苑男刘洎，中书侍郎江陵子岑文本、中书侍郎马周并为中书令。"褚遂良迁黄门侍郎或始于刘洎、岑文本、马周、迁除同时。

二十五日，高句丽莫离支遣使贡金，谏之，从而不受。

《新唐书》本传:"高句丽莫离支遣使贡金,遂良曰:'古者讨杀君之罪,不受其赂。鲁纳郜鼎太庙,《春秋》讥之。今莫离支所贡不臣之筐,不容受。'诏可,以其使属吏。"参《资治通鉴》卷一九七贞观十八年条下记:九月"乙未,鸿胪奏:'高句丽莫离支贡白金。'褚遂良曰:'……'上从之。"九月辛未朔,乙未,二十五日。

谏皇弟供给少于诸王。

《唐会要》卷五四"门下侍郎":"贞观十八年,黄门侍郎褚遂良上疏曰:'即日内外官人、诸王僚佐咸云陛下供给皇弟,顿少于亲王,大臣深知形迹不奏,私说窃语,殊非光益。……臣闻君施教令谓之风,人随上行谓之俗,陛下厚于诸弟,太子亦厚于诸弟,相承恩笃,岂不美哉!'伏愿陛下疑阙,短者因而赐之,所用补多,德音流布。"其称黄门侍郎,盖在参与朝政之后。

唐太宗贞观十九年(645),褚遂良五十岁。

二月十二日,从驾征辽。临行前受诏代帝慰问老父。父褚亮上表谢恩。

《旧唐书》卷七二《褚亮传》:"太宗幸辽东,亮子遂良为黄门侍郎,诏遂良谓亮说:'昔年师旅卿未尝不在中,今朕薄伐,君已老。俯仰岁月,且三十载,眷言及此,我劳如何!今以遂良行,想君不惜一子于朕耳。故遣陈离意,善居加食。'亮奉表陈谢。"参同书卷三《太宗下》:"十九年春二月庚戌,上亲统六军发洛阳。"二月己亥朔,庚戌,十二日。亮上谢表,盖在其前。

有诗《春日侍宴望海应诏》。

《全唐诗补逸》卷一引《武林往哲遗著》褚遂良《春日侍宴望海应诏》:"从军渡蓬海,万里正苍茫。紫波回地轴,激浪上天横。夕云类鹏徙,春涛疑盖张。天昊静无际,金驾俨成行。戈船凌白日,鞭石秋虹梁。电举潮宗外,风驱韩貊乡。之罘初播雨,辽碣始分光。麾城湛□□,□□□□□。同文渐边服,入塞仁歌唱。"云,其

"金驾俨成行"者，盖在征辽之初。

六月二十一日，应诏奉和，作诗为庆贺征辽之功。

《全唐诗补逸》卷一引《武林往哲遗著》褚遂良《辽东侍宴山夜临秋同赋临韵应诏》："涿野轩皇陈，丹浦帝尧心。弯弧射封豕，解网纵前禽。凭高御爽节，流月扬清阴。雾匝长城险，云归渤澥深。翻鸿入层汉，落雁警遥岑。露条疏更响，凉蝉寂不吟。三韩初静乱，八桂始披襟。商飙泛轻武，仙润引衣簪。酒漾投川酾，歌传芳树音。边烽良永囗，麾旆辣成林。"参《旧唐书》卷三《太宗下》："（贞观十九年）六月丙辰，师至安市城。丁巳，高句丽别将高延寿、高惠真帅兵十五万来援安市，以拒王师。李勣率兵奋击，上自高峰引军临之，高句丽大溃，杀获不可胜纪，延寿等以其众降，因名所幸山为驻跸山，刻石纪功焉。赐天下大酺二日。"六月丁酉朔，丁巳，二十一日，可谓临秋之日。其辽东侍宴，当在大酺之日。

八月，汴州立褚遂良行书唐太宗《帝京篇》。

赵明诚《金石录》卷三："唐《帝京篇》，太宗御制，褚遂良行书，贞观十九年八月。"《金石录目》卷五七六亦云："唐《帝京篇》，太宗御制，褚遂良行书，贞观十九年八月。"

咸阳立褚遂良正书于志宁《独孤延寿碑》。

《宝刻丛编》卷八引《金石录》："《唐明州刺史独孤延寿碑》，唐于志宁撰，褚遂良正书。……碑以贞观十九年二月立。"查《金石录》，其目第五九五作"八月"，且记："无书、撰人姓名。"《类编》亦记："八月。"参独孤乘《大唐我府君故汉州刺史独孤公（炫）墓志铭》："烈祖延寿，皇光禄、太常卿，泽、渝、湖三州刺史"（《千唐志斋藏志》七五九）云，"明州"乃"湖州"之讹。延寿或即其名，若是，盖河南洛阳人，湖州刺史为其终官。立石于八月。

十一月二十二日，诬谮侍中刘洎。

《旧唐书》卷七四《刘洎传》云："十九年，太宗辽东还，发定州。在道不康。洎与中书令马周入谒。洎、周出，遂良传问起居，洎泣曰：'圣体患痈，极可忧惧。'遂良诬奏之曰：'洎云：国家之事不足虑，正当傅少主行伊（尹）、霍（光）故事，大臣有异志者诛之，自然定矣。'太宗疾愈，诏问其故，洎以实对，又引马周以自明。太宗问周，周对与洎所陈不异。遂良又执证不已，乃赐洎自尽。洎临引决，请纸笔欲有所奏，宪司不与。洎死，太宗知宪司不与纸笔，怒之，并令属吏。……则天临朝，其子弘业上言洎被遂良谮而死，诏令复其官爵。"参《新唐书》卷二《太宗》："十一月丙戌，次定州。"《资治通鉴》卷一九八"十一月丙戌，次定州。……壬辰，车驾发定州。"十一月乙丑朔，丙戌，二十二日；壬辰，二十八日。其诬谮盖在二十二日至二十八日间，以二十二后数日为尤近是。

刘洎（？—645），字思道，荆州江陵人。隋日官至黄门侍郎。入唐，初为南康州都督府长史。后官至侍中兼太子在座庶子。太宗征辽，留辅太子李治监国，为褚遂良所诬陷赐死。《新唐书》《旧唐书》有传，见《旧唐书》卷七四，《新唐书》卷九九。

唐太宗贞观二十年（646），褚遂良五十一岁。

正月十四日，受诏偕大理卿孙伏伽等二十二人，以六条巡察四方，黜陟官吏。

《旧唐书》卷三《太宗下》："（二十年春正月）丁丑，遣大理卿孙伏伽、黄门侍郎褚遂良等二十二人，以六条巡察四方，黜陟官吏。"参《资治通鉴》卷一九八贞观二十年条下记："（正月）丁丑，遣大理卿孙伏伽等二十二人以六条巡察四方，刺史、县令以下多所贬黜，其人诣阙称冤者，前后相属。上令褚遂良类状以闻，是亲临决，以能进擢者二十人，以罪死者七人，流以下除免者数百千人。"正月甲子朔。丁丑，十四日。

三月上旬,谏太子旬日一还宫,与师傅讲道义。从之。

《旧唐书》本传:"太宗于寝殿侧别置一院,令太子居,绝不令往东宫,遂良复上疏曰:'……'"参《资治通鉴》卷一九八贞观二十年条下记:"(三月)是疾未全平,欲专保养,庚午,诏军国机务并委皇太子处决。于是太子间日听政于东宫,既罢,则入侍药膳,不离左右。上命太子暂出游观,太子辞不愿出,上乃置别院于寝殿侧,使太子居之。褚遂良请遣太子一还东宫,与师傅讲道义;从之。"三月癸亥朔,庚午乃八日。遂良之谏,或出其后,以中旬初日为是。闰三月初四,诏重修《晋书》,褚遂良偕房玄龄、许敬宗掌其事。

《唐会要》卷六三"修前史":"二十年闰三月四日诏,领袖史所更撰《晋书》,诠次旧闻,裁成义类。……于是司空房玄龄、中书令褚遂良、太子左(右)庶子许敬宗,掌其事。"褚遂良为中书令,在二十二年九月后,见下谱,是时为黄门侍郎。《旧唐书》卷六六《房玄龄传》作中书侍郎,误。是中书令者,盖在上《晋书》时之结衔。

房玄龄以谴还第,褚遂良谏以为不可以一眚便示斥外。

《旧唐书》卷六六《房玄龄传》:"玄龄尝微谴归第,黄门侍郎褚遂良上疏曰:'……今数十年勋旧,以一事而斥逐,在外云云,以为非是……'"且系于监修《晋书》之后,二十一年之前。《新唐书》卷九六《房玄龄传》记在贞观末年。《资治通鉴》卷一九八系于本年末。以褚遂良明年检校大理卿,寻丁父忧解职,是谏又结衔黄门侍郎,当以《旧唐书》为是,今从之。

加银青光禄大夫。

《旧唐书》本传:"二十年,……其年,加银青光禄大夫。"

八月十一日,随太宗幸灵州次泾阳顿,奉命礼接铁勒回纥、拔野古等十一姓各朝贡使于县厅。《唐会要》卷九六"铁勒":"贞观二十年,既破延陀,太宗幸灵州,次泾阳顿,铁勒回(鹘)纥、霸业股、同罗、仆骨、多滥葛、思结、阿跌、契丹、奚、浑、斛萨(薛)等十一姓,各遣使朝贡。……太宗……见其使至,甚悦,遣黄门侍郎褚遂良引于县厅,浮觞积□以礼之,夜分乃已。"《旧唐书》卷三《太宗下》记在八月庚午,即十一日。

唐太宗贞观二十一年(647),褚遂良五十二岁。

以本官检校大理卿。十月因父亮卒,罢职服勤。亮赠太常卿,谥曰"康",陪葬昭陵。

《旧唐书》卷七二《褚亮传》:"卒时年八十八。太宗甚悼惜之,不视朝一日,赠太常卿,陪葬昭陵,谥曰'康'。"

《旧唐书》本传:"二十一年,以本官检校大理卿,寻丁父忧解。"《新唐书》卷二《太宗上》:"十月癸丑,褚遂良罢。"亮之卒,《褚亮碑》记:"二十一年□月一日景申,寝病而薨。"二十一年朔日无景(丙)申者,十月又无癸丑。若为九月癸丑,即三十日,其服勤罢职,盖出同时,亦不可延之久远。《新唐书》及碑当误,俟考。

唐太宗贞观二十二年(648),褚遂良五十三岁。

二月,起复为黄门侍郎。九月二十一日,除中书令。

《旧唐书》本传:"二十一年,以本官检校大理卿,寻丁父忧解。明年,起复旧职,俄拜中书令。"参《旧唐书》卷三《太宗下》:"二月,前黄门侍郎褚遂良起复黄门侍郎。……九月己亥,黄门侍郎褚遂良为中书令。"九月己卯朔,己亥,二十一日。

议论忠鲠,群议然之。

《唐会要》卷四六"前代功臣":"先是,有诏追录前代忠鲠子孙,周相州总管尉迟迥曾孙文礼诉言,迥忠于周室,为隋所诛。上遣议之。太常卿江夏王道宗等议,皆以迥死节于周,宜有甄录。褚遂良进曰:'窃窥史籍,咸以救君难为忠,不救则为逆。春秋赵穿弑晋灵公,赵盾为正卿,不讨贼。太史书曰:赵盾弑其君。由此言之,尉迟迥受周重寄，既闻隋文作相，称兵邺下，南通于陈，北达突厥，顿兵六十余日，不赴国难，免其罪恶为幸，若谓之忠鲠，臣所深惑。'群议然之。"参遂良去年"丁父忧解"，本年起复为黄门侍郎，而唐置黄门侍郎"凡政之弛张，事之当夺，皆参议焉。"（《旧唐书》卷四三《职官二》）。"上遣议之"，必在除中书令之前。

嫉妒崔仁师。

《旧唐书》卷七四《崔仁师传》："二十二年，迁中书侍郎，参知政务。时仁师甚承恩遇，中书令褚遂良颇忌嫉之，会有伏阁上诉者，仁师不奏，太宗以仁师罔上，遂配龚州。会赦还。永徽初，起授简州刺史，寻卒，年六十余"。参同书卷三《太宗下》："二十二年……二月，……中书侍郎崔仁师除名，配流连州。"一个是"龚州"，一个是"连州"，不知为何？

御馔，褚遂良参撰的《晋书》修成，凡一百三十卷。

《唐会要》卷六三"修前代史"："二十年闰三月四日诏，令修史所更撰《晋书》……于是司空房玄龄、中书令褚遂良、太子左（右）庶子许敬宗掌其事。……以其书赐皇太子，及新罗使者各一部。"参《旧唐书》卷一九九上《新罗传》："二十二年，真德遣其弟相国伊赞千金春秋及其子文王来朝。……太宗因赐以所制温汤及《晋祠碑》，并新撰《晋书》。"《旧唐书》卷三《太宗下》金春秋及其子文王来朝记载本年闰十二月癸未（初七日）。闰十二月初七日赐新撰《晋书》，表进全书，必在其前，又《新唐书》卷五八，《艺文二》："《晋书》一百三十卷。房玄龄、褚遂良……修，而名为御馔。"房玄龄卒于七月癸卯，见《旧唐书·太宗下》。表进全书，盖在其死前。以褚遂良之称中书令推之，抑或在其九月任中书令之后。《旧唐书》卷六六《房玄龄传》："至二十年，书成，凡一百三十卷，诏藏于秘府，颁赐加级各有差。""至二十年"当为"二十二年"。

唐太宗贞观二十三年（649），褚遂良五十四岁。

五月二十六日，太宗之病日重，托孤于褚遂良与长孙无忌诸人，并令遂良起草遗诏。有《唐太宗文皇帝哀册文》。

《旧唐书》本传："二十三年，太宗寝疾，召遂良及长孙无忌入卧内，谓之曰：'卿等忠烈，简在朕心。昔汉武寄霍光，刘备托葛亮，朕之后事，一以委卿。太子仁孝，卿之所悉，必须尽诚辅佐，永保宗社。'又顾谓太子曰：'无忌、遂良在，国家之事，汝无忧矣。'仍命遂良草诏。"《资治通鉴》记在五月己巳，即太宗卒日。五月甲辰朔。己巳，二十六日。《类说》卷五四引《隋唐嘉话》："褚遂良为，马误入人家而不觉也。"《唐太宗文皇帝哀册文》："维贞观二十三年，岁次己酉，五月甲辰朔，二十六日己巳。大行皇帝崩于翠微宫之含风殿，旋殡于太极之西阶。粤八月庚子，将迁坐于昭陵，礼也。"八月癸酉朔。庚子，二十八日，遂良之撰述，盖在其前。

六月初一，受河南县公。

《旧唐书》本传："高宗即位，赐爵河南县公。"参《旧唐书》卷四《高宗上》："六月甲戌朔，皇太子即皇帝位，……诏曰：'……内外文武赐勋官一级。'"褚遂良受爵，盖在同时。昭陵立褚遂良正书，上官仪撰《裴艺碑》。

《金石目录》第六○四："《唐晋州刺史裴府君碑》，上官仪撰。正书，姓名残缺。贞观二十三年。"宋陈思《宝刻丛编》卷九引《京兆金石录》："唐上官仪撰，褚遂良书。"今从之。碑额正书"大唐晋州刺史顺义公碑铭"三行十二字。毕沅《关中金石录》卷二误以为"篆额"。碑主裴艺，《新唐书》《旧唐书》均无传。从碑中"曾祖定，……郡太守……河东郡□□太中大夫"等字样推知，其祖辈曾任郡守之职，碑中又有"授晋州总管"。裴艺曾任晋州总管，殁于国事，卒年四十七岁；从额题可知，裴艺死后，晋州刺史、顺义公、盖并为唐时所赠。毛凤枝《关中金石文字存逸考》卷八记"上官仪正书"，盖误撰人为书者。

唐高宗永徽元年（650），褚遂良五十五岁。

晋封郡公。十一月二十四日，因监察御史韦思谦劾其抑卖中书省翻译之地，出贬同州刺史。《旧唐书》本传："永徽元年，晋封郡公。寻坐事出为同州刺史。"同书卷八八《韦思谦传》："时中书令褚遂良贱市中书译人地，思谦奏劾其事，遂良左授同州刺史。"《唐会要》卷六一"弹劾"："永徽元年十月二十四日，中书令褚遂良抑卖中书译人史诃担宅，监察御史韦仁约劾之。大理丞张山寿断，以遂良当征（铜）二十斤。少卿张叡册以为非当，估宜从轻。仁约奏曰：'官市依估，私但两和耳。园宅及田，不存市肆，岂用应估？叡册曲凭估买，断为无罪，大理之职，岂可使斯人处之？'乃降遂良及叡册官。"《旧唐书》卷四《高宗上》记在："十一月己未。"十一月丙申朔，己未，二十四日。《唐会要》"十月"，盖"十一月"之讹。韦思谦，郑州阳武人，本名仁约，字思谦，以音类武后父名而改称字。武后朝官至纳言。《新唐书》《旧唐书》有传，见《旧唐书》卷八八，《新唐书》卷一一六。

唐高宗永徽二年（651），褚遂良五十六岁。

传说褚遂良贬同州的本年九月某夜，梦见司马迁之妾平原人隋清娱，并为之撰书铭事。

褚遂良《故汉太史司马迁公侍妾隋清娱墓志铭》："永徽二年九月，余判同州，夜静坐于西厅，若有若无，犹梦犹醒。见一女子，高髻盛妆，泣谓余曰："妾汉太史司马迁之侍妾也，赵之平原人，姓隋名清娱，年十七事迁，因迁周游名山，携妾于此。会迁有事去京，妾侨居于同。后迁故，妾亦忧伤寻故，瘗于长亭之西。天帝悯妾未尽天年，遂司此土。代异时移，谁为我知，血食何所，君亦将主其他，不揣人神之隔，乞一言铭墓，以垂不朽，余感寤铭之。"黄本骥《古志石华》卷五，收有是志，末云："褚遂良撰文并书。"其有按："此盖小说家因同州有褚书

《圣教序记》，遂托此事，而好事者遂为撰志，用褚法书石以实之，其真伪无足深辨。然其书特工，传流已非一日。湘乡令胡君（钧）既摹《圣教序记》置于褚公祠，因并摹此志。"著录首见王肯堂《郁冈斋墨妙》，刻入《泼墨斋法书》《翰香馆法书》。

《全唐文》卷一四九收有《玉玺记》一文，亦归之于褚氏名下，然其文有称"太宗文武皇帝"，讹误立见。李世民号称"太宗文武圣皇帝"，时在咸亨五年（674）八月十五日，见《唐会要》卷一。此文盖出高宗朝后人所作。

陆增祥《金石祛伪》记有褚遂良赝品二通：《褚遂良造像》，有题"贞观二年四月五日褚遂良造"，系好事者所为；《蜀王祭酒萧胜墓志》，永徽二年（651）八月二十三日入窆，末署"刺史褚遂良"五字，为后人添加。

唐高宗永徽三年（652），褚遂良五十七岁。

正月十一日，征还，拜吏部尚书、同中书门下三品，监修国史。七月，兼太子宾客。

《旧唐书》本传："三年，征拜吏部尚书，同中书门下三品，监修国史，加光禄大夫。其月，又兼太子宾客。"参《旧唐书》卷四《高宗上》："三年春正月……己巳，同州刺史、河南郡公褚遂良为吏部尚书、同中书门下三品。……秋七月丁巳，立陈王为皇太子……乙丑，左仆射于志宁兼太子少师，右仆射张行成兼太子少傅，侍中高季辅兼太子少保，侍中宇文节兼太子詹事。"褚遂良兼太子宾客，当在东宫置设佐吏之后，或与太子三少同时。《旧唐书》"其月"，盖"七月"之误。正月己未朔，己巳，十一日。

奉诏偕太尉长孙无忌、弘文馆学士古纳律等二十四人刊定孔颖达《尚书正义》。有称古纳律"九经库"。

《新唐书》卷五七《艺文一》："《尚书正义》二十卷。国子祭酒孔颖达……等奉诏撰。……太尉扬州都督长孙无忌……吏部尚书褚遂良、中书令柳奭、弘文馆学士古纳律、刘伯庄……等刊定。"参《旧唐书》卷四《高宗上》：

"（永徽三年）三月辛巳，……中书侍郎刘洎为中书令。……（四年）三月壬子朔，颁孔颖达《五经正义》于天下，每年明经令依此考试。"《尚书正义》乃《五经正义》之一，褚遂良等奉诏刊定，盖在本年三月刘洎任中书令后。

《新唐书》卷一九八《儒学上》："古纳律，魏州昌乐人。……淹识群书，褚遂良尝称为'九经库'。迁谏议大夫，兼弘文馆学士。"褚、谷交游，拟在刊定之前。

报复韦思谦，出贬清水令。

《旧唐书》卷八八《韦思谦传》："及遂良复用，思谦不得进，出为清水令。"

构诬御史大夫李乾佑，出为邢州刺史。

《旧唐书》卷八七《李昭德传》："父乾佑，……擢拜御史大夫。乾佑与中书令褚遂良不协，竟为遂良所构。永徽初，继为邢、魏等州刺史。"参崔仁功《大唐故银青光禄大夫守司刑太常伯李公（爽，字乾佑）墓志铭》："诏授御史大夫。……君以天资刚直，权豪惧惮，中书令褚遂良贸易之间，交涉财贿，既挥霜简，因触时蠹，遂良出为同州。寻而缘隙兴嫌，厚成诬毁，君坐迁邢州刺史，孙除魏州。"李乾佑，盖韦思谦上司，弹劾褚遂良贱市人宅之支持者。

李乾佑（592—668），名爽，以字行。京兆长安人，武后相昭德之父。官至司刑太常伯。《新唐书》《旧唐书》有传，附见《旧唐书》卷八七，《新唐书》卷一一七《李昭德传》中。总章元年七月四日卒，年七十六。崔行功撰有墓志铭志之。

诬尚书左丞卢承庆，出为益州大都督府长史，寻又潜迁为简州司马。

《旧唐书》卷八一《卢承庆传》："俄历雍州别驾，尚书左丞。永徽初，为褚遂良所构，出为益州大都督府长史。遂良俄又求索承庆在雍州旧事奏之，由是左迁简州司马。"卢氏为尚书左丞，唐置左丞"御史有纠劾不当，兼得弹之"（《旧唐书》卷四三《职官三》）。其为遂良所构，或亦出卢氏纠劾之支持者。

卢承庆（595—670），字子余，幽州范阳人。官至高宗相，《新唐书》《旧唐书》有传，见《旧唐书》卷八一，《新唐书》卷一〇六。赠幽州都督，谥曰"定"。

昭陵立褚遂良正书高宗撰《房玄龄碑》。

《金石目录》第七四二："《唐房玄龄碑》，撰文姓名残缺，褚遂良正书。"参碑文其："今上……仍特降旨，虚为制碑。"盖出高宗御撰。《金石萃编》卷五〇："碑连额高一丈二尺九寸，广五尺。三十六行，中段磨泐。每行约八十一字，正书。额题'大唐故左仆射上柱国太尉梁文昭公碑'十六字，篆书。"

《宝刻丛编》卷一引《访碑录》记齐州有"《房玄龄神道碑》，唐褚遂良书，在龙山镇"，或即昭陵碑之重立者。

碑主房玄龄（579—648），字乔，一作名乔，字玄龄，齐州临淄人，望出清河。房彦谦之子，官至尚书左仆射、司空，封爵梁国公，为贞观良相，《新唐书》《旧唐书》有传，见《旧唐书》卷六六，《新唐书》卷九六。贞观二十二年（648）七月二十四日卒。赠太尉、并州都督，谥曰"文昭"。

唐高宗永徽四年（653），褚遂良五十八岁。

二月，驸马都尉房遗爱伏诛，褚遂良因素与江夏王李道宗不协，谮言其交结于房遗爱。李宗道因之坐事，配流象州，卒于途中。

《旧唐书》卷六〇《宗室》："江夏王道宗……（永徽）四年，房遗爱伏诛，长孙无忌、褚遂良素与道宗不协，上言道宗与遗爱交结，配流象州，道病卒，年五十四。"《旧唐书》卷四《高宗上》："二月乙酉，遗爱、万彻、令武等并伏诛……戊子，特进、太常卿、江夏王道宗配流桂州……"《资治通鉴》卷一九九记房遗爱伏诛在甲申日。二月癸未朔,乙酉,初三日;戊子,初六日;甲申,初二日。褚遂良之诬枉,盖在房遗爱伏诛前后几日间。

江夏王李道宗(600—653),字承范,李唐宗室,武德元年(618)封略阳郡公,贞观十二年(638)改封江夏王。官至特进。因褚遂良所谮,配流象州,未至州而卒。《新唐书》《旧唐书》有传,见《旧唐书》卷六〇,《新唐书》卷七八。《旧唐书》卷六〇称:"道宗晚年颇好学,敬慕贤士,不益地势凌人,宗室中惟道宗及河间王孝恭昆季最为当代所重。……史臣曰:道宗军谋武勇,好学下贤,于群从之中,称一时之杰。无忌、遂良衔不协之素,致千载之冤。永徽中,无忌、遂良忠而获罪,人皆哀之。殊不知诬陷刘洎、吴王恪(无忌所陷)于前,枉害道宗于后,天网不漏,不得其死也宜哉!"

九月二十五日,除尚书右仆射。

《旧唐书》本传:"四年,代张行成为尚书右仆射,依旧知政事。"参《旧唐书》卷四《高宗下》:九月"甲戌,吏部尚书、河南郡公褚遂良为尚书右仆射,依旧知政事"。九月庚戌朔,甲戌,二十五日。

十二月十日,京兆慈恩寺立褚遂良正书唐太宗序、高宗记《雁塔圣教序》。

《金石萃编》卷四九:"《大唐三藏圣教序》,太宗文皇帝制,中书令臣褚遂良书。……永徽四年岁次癸丑十月己卯朔十五日癸巳建。""《大唐皇帝述三藏圣教序记》……永徽四年岁次癸丑十二月戊寅朔十日丁亥建。万文韶刻字。"序,永徽四年十月十五日;记,四年十二月十日,其书,盖在立石即十二月十日前。著录首见《金石目录》第六一八、六一九。

又有《同州圣教序》,龙朔三年六月立在同州。著录首见《金石目录》第六一五。

唐高宗永徽六年(655),褚遂良五十九岁。

正月初三,谏昭陵侧寺不宜大于弘福寺,迟建亦无妨。

《唐会要》卷四八"寺":"永徽六年正月三日,昭陵侧置一寺,尚书右仆射褚遂良谏曰:'……陛下昔尝语宏福寺僧云:我义活苍生,最为功德。且又今者所造,制度准禅定寺则大弘福。寺自不可大于弘福。既有东道征役,此寺亦宜渐次修营,三二年得成,亦未为迟。'"

有请千牛不简嫡庶。

《唐会要》卷七一"十二卫·千牛":"永徽元年,尚书左仆射褚遂良请千牛不简嫡庶,上表曰:'……至如昨来检责粗人,公孙武达及崔仁师等儿,多是嫡子,故知善恶由乎积习,邪正宁限嫡庶,必然之理,不言可明。"参《旧唐书》卷七四《崔仁师传》:"(贞观)二十二年……时仁师甚承恩遇,中书令褚遂良颇嫉妒之。会有伏阁上诉者,仁师不奏,太宗以仁师罔上,遂配龚州。会赦还。永徽初,起授简州刺史,寻卒,年六十余。"且遂良四年始为仆射,其"左仆射",乃"右仆射"之讹。"永徽元年",乃"六年"之讹。

与长安令裴行俭友善,其前曾私议立后事,行俭以为国家之祸必自此始。

《旧唐书》卷八四《裴行俭传》:"时高宗将废皇后王氏而立武昭仪,行俭以为国家忧患必从此始。与太尉长孙无忌、尚书右仆射褚遂良私议其事,大理袁公瑜于昭仪母荣国夫人潜之,由是左授西州都督府长史。"裴行俭与长孙无忌、褚遂良私议立后事,《资治通鉴》系在本年八月。

裴行俭(619—682),字守约,绛州闻喜人。玄宗相光庭之父,官至金牙道大总管。赠幽州都督,谥曰"献"。《新唐书》《旧唐书》有传,见《旧唐书》卷八四,《新唐书》卷一〇八。以工书知名,《旧唐书》卷八四《裴行俭传》称:"高宗以行俭工于草书,尝以绢素百卷,令行俭草书《文选》一部,帝览之称善,赐帛五百段。行俭尝谓人曰:'褚遂良非精良佳墨,未尝辄书。不择笔墨而妍捷者,惟余及虞世南耳。'"这一点论述与虞世南对褚遂良书法的论述是一致的。

九月初三,因谏阻立武则天为后,出贬潭州都督。

《隋唐嘉话》卷中:"高宗之将册武后,河南公褚遂良谋于赵公无忌、英公,将以死谏。赵公将先入,褚曰:'太尉,国之元舅,脱事有不如意,使上有怒舅之名,不可。'英公曰:'请先入。'褚曰:'司空,国之元勋,有不如意,使上有罪功臣之名,不可。遂良出自草茅,无汗马功,蒙先帝殊遇。以有今日。且当不讳之时,躬奉遗诏,不效其愚忠,何以下见先帝?'"《新唐书》《旧唐书》不用,或其不合时宜。

《旧唐书》本传:"六年,高宗将废皇后王氏,立昭仪武氏为皇后,召太尉长孙无忌、司空李勣、尚书左仆射于志宁及遂良以筹其事。……遂良曰:'皇后出自名家,先朝所娶。伏事先帝,无愆妇德。先帝不豫,执陛下手以语臣曰:'我佳儿佳妇,今以付卿。'陛下亲承德音,言犹在耳。皇后自此未闻有愆,恐不可废。臣今不敢曲从,上违先帝之命。特愿再三思审。愚臣上忤圣颜,罪合万死,但愿不负先朝厚恩,何顾性命。'遂良致笏于殿陛,曰:'还陛下此笏。'乃解巾叩头流血。帝大怒,命引出。……翌日……帝乃立昭仪为皇后,左迁遂良潭州都督。"参同书卷四《高宗上》:"九月庚午,尚书右仆射、河南郡公褚遂良以谏立武昭仪,贬授潭州都督。"九月戊辰朔,庚午,初三日。"谏立"应为"谏阻立"之讹。《唐会要》卷五二"忠谏"记在"五年",误。

唐高宗显庆元年(656),褚遂良六十一岁。

二月,有《湘潭偶题诗》。

《全唐诗补逸》卷一引《槐庐丛书》之《金石录补》卷二二褚遂良《湘潭偶题诗》:"远山酉萃翠凝烟,烂漫桐花二月天。游遍九衢灯火夜,归来月挂海棠前。"《槐庐丛书》之《金石录补》以为"贬潭州都督时所作"。陈继儒

《佘山诗话》上记:"咸淳(1265—1274)中,邑令赵必穆于池(洗笔池)中得断碑,上刻褚公《湘潭偶题诗》。"若是,盖在本年二月间。

五月初八,有《潭府帖》。

褚遂良《潭府帖》:"潭府下湿,不可多时,深益愤颡。……五月八日,舅遂良报薛八侍中前。""侍中",盖"侍郎"之误。薛八乃薛元超,秦府十八学士记室薛收之子。是帖著录首见《淳化阁帖》"历代名臣法帖第四"。黄伯恩《法帖刊误》卷上以为伪。

唐高宗显庆二年(657),褚遂良六十二岁。

三月十六日,转桂州都督。八月十一日改爱州刺史。

《旧唐书》本传:"显庆二年,转桂州都督。未几,又贬为爱州刺史。"《资治通鉴》分别记载"三月甲辰","八月丁卯"。三月己丑朔,甲辰,十六日;八月丁巳朔,丁卯,十一日。

唐高宗显庆三年(658),褚遂良六十三岁。

爱州任上,有表自明,不省。

《新唐书》本传:"显庆二年,徙桂州。未几,贬爱州刺史。遂良内忧祸,恐死不能自明,乃上表曰:'往者承乾废,岑文本、刘洎奏东宫不可少旷,宜遣璞王居之,臣引义固争。明日仗入,先帝留无忌、玄龄、及臣定策立陛下。当受遗诏,独臣与无忌二人在,陛下方草土号恸,臣即奏请即位大行柩前。当时陛下手抱臣颈,臣及无忌请即还京,发哀大告,内外宁谧。臣力小任重,动贻伊戚,蝼蚁余齿,乞陛下哀怜。'帝昏懦,牵于武后,讫不省。岁余,卒,年;六十三。"参《资治通鉴》亦记上表在贬爱州之后。从"岁余,卒,年;六十三"当知此表作于显庆三年,褚遂良去世之年。也有人说是表当作于初贬桂州之际。重贬爱州,或因是表而益为武后所嫉妒。

卒于贬所,年六十三。殡于爱州日南郡北五里处,与二子一孙合葬。

《旧唐书》本传："明年，卒于官，年六十三。"参《新唐书》本传："岁余，卒。……安南观察使高骈表遂良客窆爱州。二男一孙祔焉。"《唐会要》卷四五"功臣"："咸通九年正月五日，安南观察使高骈奏：爱州日南郡北五里，有故中书令河南元（文）忠公褚遂良墓，前都护崔耿，大中六年，因访丘坟，别立碑记云：显庆三年，殁于海上，殡于此地。二男一孙祔焉。"二男，即彦甫、彦冲。一孙，无考。

有子三人：彦甫、彦冲、彦季。彦甫为秘书郎，彦冲为城门郎，彦季未入仕。彦甫、彦冲随父流配爱州，三子彦季年幼得免。后二年，彦甫、彦冲被杀。弘道元年（683）二月，高宗卒后，彦季放还本郡。

《新唐书》卷七二〇，《宰相世系二下》：褚遂良有子三人："彦甫、彦冲、彦季。彦甫，秘书郎；彦冲，城门郎；彦季，无职事。"参《元和姓纂》卷六"河南阳翟褚氏"条下记："遂良，中书令，河南文忠公，生彦甫、彦冲、彦季。彦甫，秘书郎，生侨、休。彦冲，城门郎，生伦、俨。彦季，千牛将军，生如松，司农少卿。"《旧唐书》本传："遂良卒后二岁余，许敬宗、李义府奏言长孙无忌所构逆谋，并遂良扇动，乃追削官爵，子孙配流放爱州，弘道元年二月，高宗遗诏放还本郡。"参《新唐书》本传："后二岁，许敬宗、李义府奏长孙无忌逆谋皆遂良驱煽，乃削官爵，二子彦甫、彦冲流爱州，杀之。帝遗诏听其家北还。"

后四十七年，即神龙元年（705）十一月二十六日，武则天遗制褚遂良等子孙亲属皆赦之，咸令复业。

《旧唐书》本传："神龙元年，则天遗制复遂良及韩瑗爵位。"参同书卷六《则天皇后》："神龙元年……冬十一月壬寅则天将大渐，遗制祔庙、归陵，令去帝号，称则天大圣皇后；其王、萧二家及褚遂良、韩瑗等子孙亲属当时缘累者，咸令复业。"十一月丁丑朔，壬寅，二十六日。

后九十年，即天宝六年（747）正月十二日，玄宗诏褚遂良配飨高宗庙。

《旧唐书》卷二六《礼仪六》："天宝六载正月，诏：……太庙配飨功臣，……高宗室加褚遂良……"同书卷九《玄宗下》记在正月戊子。正月丁丑朔，戊子，十二日。

后一百三十年，即贞元五年（789）九月二十三日，德宗诏褚遂良图形于凌烟阁。德宗追赠太尉。文宗时，诏以遂良五世孙虔为临汝尉。

《旧唐书》卷一三《德宗下》："（贞元五年）九月壬戌，诏以褚遂良已下至李晟等二十七人，图形于凌烟阁，以继国初功臣之像。"九月庚子朔，壬戌，二十三日。《新唐书》本传："德宗追赠太尉。文宗时，诏以遂良五世孙虔为临汝尉。"

后二百一十年，即咸通九年（868），归葬阳翟，谥曰"文忠"。孙加八品官。

参《新唐书》本传："咸通九年，诏访其后护丧归葬阳翟云。"梁章钜《楹联三话》卷上："严问樵云：'杭之褚塘，有褚河南祠，土人以助圣庙呼之。'案公谥"文忠"，见《唐会要》。又《唐彦卿集》言，褚河南之枢，至咸通中，始得蒙恩归葬阳翟。其时以平徐肆赦，赐其孙八品官，扶护以归。盖"文忠"赐谥，亦在此时，而《新唐书》《旧唐书》不载，故后人莫考。"《唐会要》卷四五"功臣"："咸通九年正月初五，安南观察使高骈奏：爱州日南郡北五里，有故中书令河南元（文）忠公褚遂良墓，前都护崔耿，大中六年，因访丘坟，别立碑记云：显庆三年，殁于海上，殡于此地。二男一孙衬焉。伏乞寻访苗裔，护丧归葬。从之。"褚遂良归葬，出自高骈之奏请，其奏上引《唐会要》记载正月初五，若是，其赐谥"文忠"，赐孙八品官者，及扶护归葬，盖在其后。《新唐书》卷七二《宰相世系二下》，"褚氏"条下记褚遂良有孙"松"，《元和姓纂》卷六："河南阳翟褚氏"作"如松"，官至司农少卿。其孙加八品官，或即其人。无文集传世。

《全唐诗》卷三三记褚遂良有文集二十卷，后人亦有说《褚遂良集》二十卷。今查《旧唐书》卷四七，《经籍下》："《褚亮集》二十卷。"并无《褚遂良集》。参《新唐书》卷六十，《艺文四》亦作"《褚亮集》二十卷"，也没有《褚遂良集》。《褚遂良集》二十卷疑《褚亮集》二十卷之误。

二、褚遂良书法临习说明

（一）《大字阴符经》临习说明

临习书法艺术，必须要注意两点：一为点画用笔，一为字形结构。前者为各个点与画的用笔方法，后者为各个文字点画的组合，因而点画用笔是基础。

1. 基本点画和运笔方法

先讲一个钟繇训斥宋翼的故事。宋翼是钟繇的弟子。宋翼曾经作书（方正齐平稳之字），钟繇见后即训斥之，宋翼三年不敢见钟繇，乃潜心改变作风。每作一波（即平捺）常三过折笔，每作一点画（即所有的笔画）常隐锋（藏锋）为之，每作一横画如同列阵之排云（虽有平但不是完全平的状态），每作一戈（斜钩）如同百钧之弩发（必须有力有势），每作一屈折如同钢钩，每作一牵如同万岁之古藤。这里所说的"三过折笔"，自古就称"三过法"，不只是捺的笔法，横、竖、点也必须经过起笔、行笔、落笔三个过程。宋翼得到这个启示后，发奋改变笔法，最终成为名家。所谓点画用意的妙用，就必须知道是其在书法艺术上起着奠基性作用。

下面具体谈一谈《阴帖》的点画用笔问题。

《阴帖》的点画，潇洒流动，对比强烈，方圆兼容，隶意可辨；运笔上除了常规方法外，多用侧锋取势，一波三折，常在率意中存有法度。现择要说明如下：

褚遂良《大字阴符经》(局部)

(1)《阴帖》中的点,圆满凝重,流落自然,尤其是侧点,更有"高峰坠石"之势。这不只说它的形态有立体感,而且运笔也有一种节奏感:凌空取势、爽然侧下、急速铺毫、轻捷收结。用富有弹性的运笔动作写出的点画,自然含蓄而有重量感。

(2)《阴帖》的横,短横取逆势较多,长横具有特色:一种是从右上落笔,大多承上笔而来,翻笔得势,取逆涩行笔,越勒越紧,收笔圆重有顿挫。此种横画,线条劲练挺拔,略带弧形,如"要""听"。另一种是点笔着纸,顺笔而行,辅之提按起伏,线条柔润生动而带波折,如"圣"。当然也有较为平直的。

长横大多是字中的主笔,能反映一个字的精神面貌,这样顺逆互用,刚柔相济,字就有变化,神气也旺足了。

(3)《阴帖》中撇常带"掠"势,长撇尤为明显。"掠"不是纯弧形,而是上部稍直,中间以下轻快左扬,掠出部分,肥满厚重而又飘逸自然。古人把这种动作比作用梳篦掠发,下拽斜拉;或比作飞燕捕虫,俯冲横掠。

写长撇时,落笔后,笔锋稍稍提起,手腕随之内撅,顺势掠出;或取逆势下行,轻轻一压,用腕推出。

(4)《阴帖》中捺,一波三折,有明显的隶意,厚重而含蓄。一方面可体会其古雅的情调,同时也可窥见褚书的渊源所在。运笔时,直落轻提,下行铺毫,沉着,出锋靠腕肘拎起;切忌"甩指"逸出,以免轻薄。

(5)褚书的钩有宽、满、短、锐的特点,有人把它比作玫瑰花刺,十分形象。《阴帖》中的钩,写得随意,大多用侧锋取势，中锋收结。如直钩，右向横落笔后，再轻轻地往左推转，取得侧锋笔势，下行至预定位置，稍作停驻蓄势，用腕力朝左上方轻捷提起，即得锐满含蓄的钩画了。写好直钩的关键是在落笔取得侧势，立笔下行，钩趯时才能势到锋出；反之，若将笔毫平铺纸上，则很难顺利钩出。又如写浮鹅钩时，横落轻提，侧锋下行，圆转拐弯后适得中锋，最后借助腕部的运转，趁势向上趯出。其他戈钩、背抛钩等，若是取势得法，也大多能沉着痛快地钩出。

（6）《阴帖》中的左侧竖画和回锋撇的上端，常出现 S 形笔迹，这反映了褚书调锋铺毫的运笔特点。其实这种形迹在褚遂良之前早已有之，王羲之《兰亭序》中就不乏其例，只是褚书中出现得更多更明显罢了。用 S 形落笔方法，能使笔势连贯畅顺。说它连贯，是承上笔而来，故从右上落笔着纸，留下的痕迹实际上是放大了的牵丝。说它畅顺，是经过"锋回路转"的运行，笔锋恰好朝左下方自然逸去。此时或撇，则出锋中正；或挑，则钩锋锐满，即如回锋上行，也笔顺势畅。

但是这种写法，只是调锋手段，不可盲目追求，只能顺乎自然，切忌矫揉造作。

（7）《阴帖》的转折，大多圆转暗过，不留圭角，但顿挫仍然分明，略无浮滑气。这样更显得笔画圆润又有骨力内涵。

2. 结构特点

王羲之在卫夫人的《笔阵图》中题道："夫欲书者，先于研墨，凝神静思，预想字形大小偃仰，平直振动，令筋脉相连，意在笔前，然后作字。平直相似，状若算子，上下方正，即是书。"仅得其点画，只不过是字形，还不能称之为书法。

中国书法艺术自古以来就先解释点画用笔，再解释字形结构。唐人重视楷法，有关结构方面所述的著作中最重要的是借欧阳询之名的《三十六法》和明代李淳的《大字结构八十四法》。两本书的目的在于从字的重心、偏旁、逊让比例来说明点画分布的原则。点画分布首先学习平正，再进一步摆脱平板，追求变化。所谓变化是指除俯仰、向背、分合、聚散、端正、欹斜之外，还有和作者的思想、感情相关联的部分。字的结构表现出来的精神、意态、韵致、神理如同见到其人本身一样被体现着。因此最高的书法艺术，其人的生命和所写的字一体化，反映着整个人的个性。

古人赞誉褚书"字里金生，行间玉润"，极言其字体的端庄俊美。可见他的字除了点画圆熟流畅外，结构上也于自然中见匠心。《阴帖》大致是体现了褚书结构方、宽、巧的特点，而又有其自身的面貌，主要有以下几点：

（1）结构宽绰，形疏气连：《阴帖》字体较方，多取横势，甚至还有长字短写的，故在视觉上给人以宽容大度之感。又笔画之间，部分之间俯仰呼应，配搭合度，所以气息贯串，疏而不散。

（2）笔画舒展，对比强烈：《阴帖》撇捺开张，捺脚厚重；横画错落，长画特长；时而纤巧时而旷达；疏密参差，波折起伏；轻重变化，相映成趣。

（3）隶情草意，似欹而正：《阴帖》笔势清晰，隶意可辨；欹侧俯仰而不失重心；寓巧于拙，饶有情趣。

3. 临习注意事项

（1）褚书不只是外形妍美，更是风神高雅，学褚者应深入体察，才能形神兼得；绝不能片面追求俊美的外形而忽略了高雅的神韵，否则即便貌合却神离，甚至越走离褚越远。

（2）褚字笔法多变，中侧兼采，顺逆并用，所以能写出骨力洞达而又妩媚多姿的字来。故学褚应从运笔入手，参以结构，两者结合，才能形正气旺，不致纤弱疲软，流于肤浅。

（3）临习《阴帖》，作为学褚的入门。如前所述，具

褚遂良《倪宽赞》（局部）

有诸多优点，但此书写得随意，笔势外露，尤其于起结处更为明显，如果在这些地方一味追求或夸大，必将导致浮滑而走反面。初学者尤当慎之。

（4）值得一提的是，潘伯鹰先生临写的《大字阴符经》，已下了一番去粗存精的功夫，甚得《阴帖》的神理，如能参照临习，定能收到事半功倍的效果。

（二）《倪宽赞》临习说明

1. 《倪宽赞》点画的形态特点

综观该帖的点画，粗细变化很大，但自然交融。精细笔画如筋脉流转、铁丝萦结，形态妍美，流转回荡，取势却又收控有度，点画联系与字廓控制都不致偏于放肆，故而风韵丛生，气格清雅，萧散劲炼。有人评其"以筋取胜"，是很有道理的。

（1）撇笔往往收敛，细如游丝，而对应捺画则宽势作出，多富有隶意又控势有度，绝不过度放纵，长撇波动，出撇常振频迅疾完成，如"库""奉"等。

（2）纵放的长横往往一波三折，锋势起伏较大，露锋起笔也均暗逆得势，收尾圆蕴，形态隽美，短横首尾也粗细变化，有仰卧、直冲，长短交错变化，精细笔致较多，都呈瘦硬面貌，收势亦不失法度。

（3）竖势稳健流畅，较长的竖势则中段提势，显示流美中蕴严谨，为欧体风韵之余绪，竖笔多内撅，少外拓。

（4）点势的变化，无论是承上启下的，还是多点关

褚遂良《倪宽赞》（局部）

联，纵横牵带的都以映带呼应态势作出，并运笔起落，走势清晰，笔意分明，形态是点势圆润，小点细琢如细珠露滴；大一点的亦饱满温润，显现出运笔功底扎实。

（5）折势多以内擫紧收势态调锋转势，对于该帖的流丽风姿起到了遏止流散，防止妖艳化，并收控于温雅含蓄格局之内的调节作用。

（6）钩势尤显形态特色，往往以啄势造就，出钩较小，除右耳旁之钩有纵笔大势外，均以逆势筑锋而出，有的甚至只见钩意，不见钩出，是其钩法所常产生的实际形态，却显出俊逸内美特色，耐人赏悦，观照"虏""蒲""东""桑"等字，即可领略个中风味。

2.《倪宽赞》的结构与章法气韵特点

《倪宽赞》由于其"外拓取姿"，却又"中擫有法"即屈曲回荡，取姿变化，并运笔控势有度，紧凑结体，笔势酣畅，造就了玉貌锦衣的风采，透出闲逸清雅、风流绰约的神韵。审视全篇，可以看到纵横交构，较为整肃，点势散落却收控于严谨的字廓之内，放纵之笔绝不在字形格局上过度夸张，点画虽有回曲，粗细夸张，却连势谨慎，尤其折竖与竖钩笔皆以内擫向心收敛之，往往恰当地形成对严整字廓的勾勒成形作用，造就构架造型的严谨，这些也正兼有欧、虞踪影。部首偏旁比例适当揖让互补，变化开合，均是既活跃变化形态神韵，又顾及全字形势。点画的分间布白，位置经营，黑白的视觉分割当属均衡平正一路，没有反差强烈、奇肆怪异的现象。这些都是临习与赏

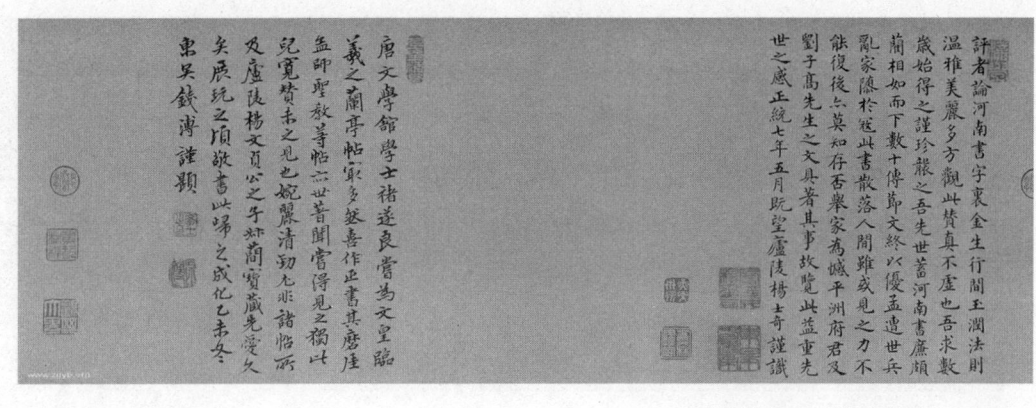

《跋褚遂良〈倪宽赞〉》（局部）

阅中应该把握的。

在章法布局上较为齐整，隐约可见格线规划，然而这种格线丝毫没有影响作者驰骋的运笔走势。由于是横卷形式，上下幅度完全在腕、肘、臂的悬、转、挥运最佳控制之内，故而有利于全篇一气呵成，造就气贯始终、畅达回荡、天衣无缝，脉络搏动清晰的韵律。全篇起初较为舒缓，节奏平和，起伏从容有序，渐至中段起旋律加快，以至运笔越发心手畅达，节律急速，神韵气势越发焕然弥漫而进入化境，犹如一曲旋律起初流转委婉，进而清亮回荡，接着推向激越跌宕的高潮。这看似笔法笔势之技，实质正是在精通笔法前提下，如唐孙过庭《书谱》所说的"五合"，才能达到的艺术境界（即通常所说的心境、情感、时令、笔墨纸砚以及创作状态、灵感等高度融合，形成最佳创作状态所造就的艺术结晶）。因此在褚遂良书法形成之际，除褚遂良之外别人是很难造就此杰作的。

以上分析可体验到该帖通篇交织缜密、灵气流动的总体章法和气韵特色。

（三）《孟法师碑》临习说明

1. 书写技法

（1）点画。技法：逆锋向左上角起笔，折笔向右作顿，围转向右下行，略驻，稍提笔向左上方回锋，略驻，向左出锋。提示：侧锋峻落，铺毫行笔，势足收锋。

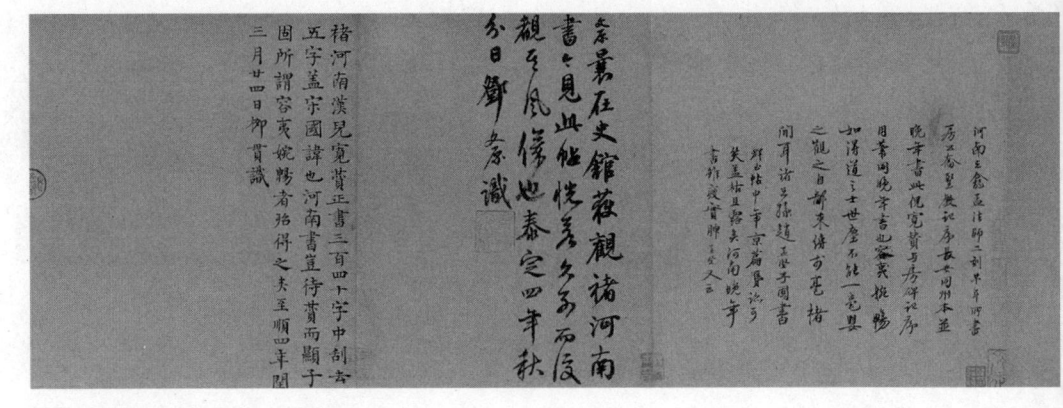

《跋褚遂良〈倪宽赞〉》（局部）

（2）横画。技法：折起，衄落成点，提走，力行，住、挫、顿，向右下作围，向左回锋提收。提示：逆锋落纸，缓去疾回，不可顺锋平过。

（3）竖画。技法：垂露竖，折锋向右，衄落成点，顿笔转锋，向下力行，顿笔向左上或向右上围收，微呈露珠状即可。悬针竖。向下力行后缓缓上提收锋，呈针点状。提示：作竖画时要直中有曲势，不应僵直无力，呆板无神。

（4）撇画。技法：逆锋向左上角起笔，折笔向右下作顿，转锋向左下力行撇出，末锋逐渐提笔送出。提示：起笔要用直画，出锋劲力，笔要送到。如一往不收，则易犯飘荡不稳之病。

（5）捺画。技法：逆锋起笔，轻转向右下徐行，笔毫开展至下半截，略带卷起意，至捺出处稍驻，再提笔捺出，捺脚宜稍长。提示：作捺笔时要逆锋轻入，折锋铺毫缓行，力顿出锋，重在含蓄。

（6）竖钩。技法：起笔同竖法，顿笔转锋向下力行，至钩处，轻顿作围，转笔向上，稍驻蓄势，向左提趯。提示：驻锋提笔，突然趯起或顺势送出，力集于笔尖方可。

（7）挑画。技法：逆锋提笔，折笔向下，顿笔，然后提笔向右上角趯锋。提示：要仰笔提锋，用力于发笔，得力在画末。

(8)折画。技法：起笔同横画，行笔至转折处稍驻，笔向上微昂顿笔，提笔向下力行。提示：注意折处棱角，顿笔适当，避免右角太出。

2. 书体结构

(1)独体字。它指没有偏旁依靠或其他部件构成，而是以基本笔画组成的字。书写独体字时要掌握重要笔画的位置，使重心平稳，笔画分布均匀。如"来"字，中竖不偏不倚，平衡左右分量；"生"字的笔画间隔排比，疏密匀称。

(2)左右结构。它指由左右两部分组成的合体字。书写时应按字体各部所占位置，确定其比例。结构形式可分左右相等、左宽右窄、左窄右宽。如"独"字，左窄右宽结构，窄部位之比例大致占三分之一；"秋"字左右结构相等，位置比例各占二分之一。

(3)左中右结构。它指由左中右三个部分横向排列组成的字。书写时应按各部所占位置，确定其比例。结构形式可分左中右相等、左窄中右宽、左中窄右宽、左中宽右窄。如"渤"字，左窄中右宽，窄部位置比例大致占五分之一，中右各占五分之二；"術"左中右相等，位置比例大致各占三分之一。

(4)上下结构。它指由上下两部分组成的字。书写时应按字体上下、高矮、宽窄位置，确定相应的比例，力求做到"上称下载"。结构形式可分上下相等、上窄下宽、上宽下窄、上短下长、下短上长。如"昆"字，上下相等结构，位置比例大致各占二分之一；"崇"字上小下大结构，位置比例上部占三分之一，下部占三分之二。

(5)上中下结构。它指由上中下纵向排列组成的字。书写时注意每一部分要写得扁些，以避免字显得太长。上中下结构三部分所占比例因字而异，灵活掌握，要疏密均称。如"慕"字，是上中下结构，上窄中下宽，窄部位置比例大致占五分之一；"霊"字中窄上下宽，中间窄部位置比例大致占五分之一。

(6) 包围结构。它可分为两面包围、三面包围及全包围等几种形式。书写时要注意外框与内涵部分的关系，外框应平整饱满，内涵部分要匀称，重心摆稳。如"巨"字，三面包围，左包围；"固"字，四面包围，全包围。

（四）《雁塔圣教序》临习说明

1. 点画用笔

《雁塔圣教序》的基本点画、笔法在表现时有着相当丰富的变化，因此给人变化莫测的感觉。同一种点画，呈现出不相同的面貌。例如，横画或仰或俯，或粗或细，或长或短，或直或曲，互不雷同。横画起笔有方有圆，有折锋、裹锋或搭锋，下笔的切角也没有一定的方向，长横画的中段行笔往往稍快也较细，收笔也是方圆皆可，笔画具有

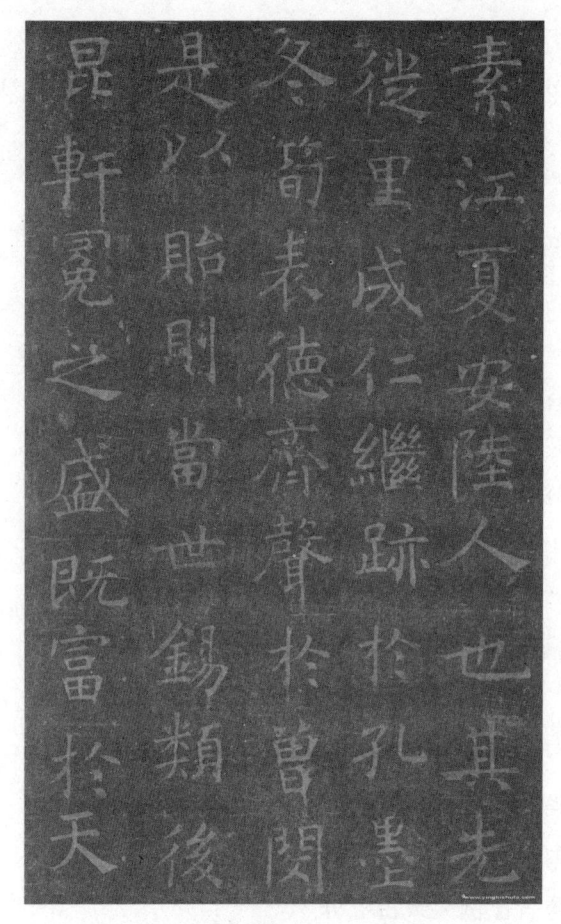

褚遂良《孟法师碑》（局部）

明显的弧度。此碑用笔方圆兼备，笔画纤细而劲健，其波捺的强调与欧阳询有所不同，有明显的隶书笔意。这正是后来颜真卿、柳公权捺画的先导。褚字笔画极具特色，即横直画大多有明显的态势变化。竖画的姿态以背势为主，这是王字的特点，但比王字更妩媚。如"门"字的右竖先往右，再往左，再往右，再往左，呈"S"形的细腻的曲线变化。这种写法虽源于他的老师虞世南，但褚字更显得婀娜多姿。这也是褚字韵味之所在。故唐代张怀瓘称其为："美人婵娟，似不胜乎罗绮，增华绰约，甚有余态，欧虞谢之。"褚字笔画含金之柔，文具玉之刚，虽疏瘦绵柔而绝不软弱无力，其钩剔之处劲利如箭镞，其圆转柔韧之处似钢丝，体势生动多变，富有动感。

下面是《雁塔圣教序》具体笔画写法：

（1）横画：笔朝左下藏锋入笔，折向右下轻按，并向左轻轻推挤后向右行笔，渐行渐轻，最后再向右下轻按，回锋收笔。

（2）垂露竖：笔朝左上方藏锋入笔，折向右下轻按，并向上轻轻推挤后向下行笔，中段行笔较轻，收笔时先稍向左下方轻按，再将笔转至右下回锋。与横竖笔法相同，唯运笔的方向不同。

（3）悬针竖：起笔同垂露竖，收笔时不须回锋，直接向下出锋收笔。

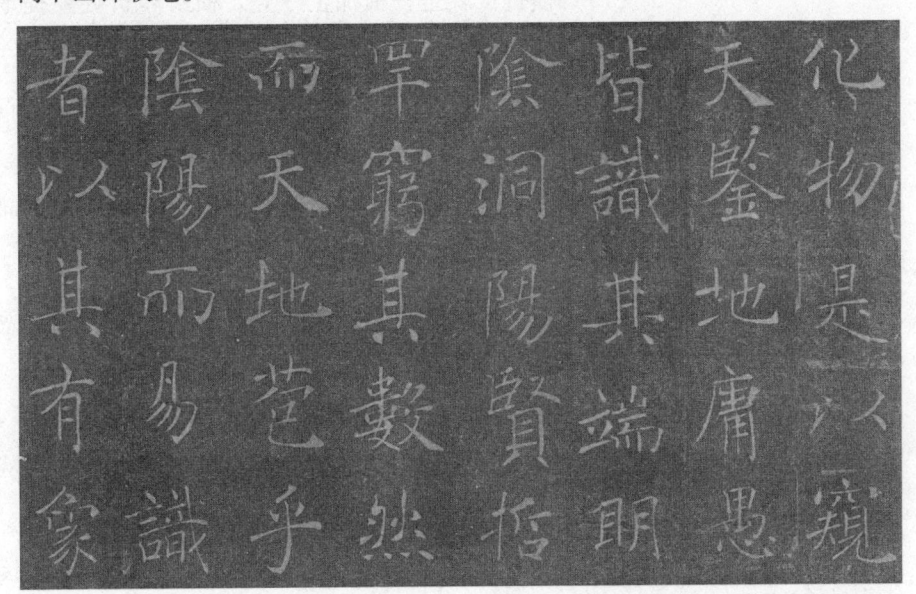

褚遂良《雁塔圣教序》（局部）

（4）长撇：起笔后，行笔先向下再往左下，先轻后重，出锋收笔。重点在于中段开始需较丰腴舒展。

（5）短撇：起笔后向左下方行笔，渐行渐轻，出锋收笔。

（6）斜捺：起笔后先向右行笔一小段，再向右下渐渐加压行笔，至末端先停笔后，再向右方慢慢出锋提收。

（7）平捺：运笔方向如斜捺，唯收笔较重些，中段斜度较小。

（8）挑：和撇正好方向相反，起笔后向右上方行笔，渐行渐轻，出锋收笔。

（9）右点：笔朝左上方藏锋入笔，圆势向右下方轻按后，向左上提收。

（10）竖点：起笔同右点，往下行笔一小段后，即刻回锋收笔。

（11）竖钩：运笔方式如垂露竖，完成后笔锋向左或左上轻轻挑出，不可太长。

（12）搭锋竖：随着上一笔的映带，顺势落笔，再完成竖画，搭锋处形如新月。

（13）横折：就是一横加上一竖，横折转折处要提笔再压，以转换笔锋方向。

（14）竖横：起笔同竖画，转折处直接将笔锋向右，如"七"字，或提笔换锋后再向右行笔，如"出""仙"。

（15）竖挑：起笔同竖画，转折处提笔换锋后再挑向右上方，出锋收笔。

（16）长点：写法同右点，唯笔向右下方轻按时，需拉长点的长度后再收笔。

（17）左右点：先完成左点后，再将笔势运到右点，以左右相互呼应，右点若有出锋，亦应先完成点后，再从点中出锋。

（18）上下点：先完成上点后，从点中出锋，笔势接连写下点，完成后即可，或点中带笔出锋，或上挑。

（19）三点水：三点一体，笔断意连，映带而成，注意三点起收笔的连贯性，需互相呼应。

（20）烈火点：横向四点，自左而右，从第一点起出锋，顺势往下一笔带，最后一点稍大些。

（21）竖横钩：起笔后，先竖再转横，转折处稍细，笔至横画末端，稍停后往上出锋提收。

（22）左弧钩：起笔后向右下弧线行笔，中段稍细，到定位后稍停，再往上出锋提收。

（23）右弧钩：写法同竖钩，唯竖画稍弯曲，行笔需逐渐加压。

（24）横左弧钩：先写横画后，再提笔换锋完成左弧钩。

（25）横撇：先写横画，至末端提笔再压，蓄势向左下出锋提收。

（26）下弧钩：轻轻起笔向下弧线行笔，渐行渐按，最后稍停，向上出锋收笔。

（27）横竖钩：先写横后，再提笔换锋完成竖钩。

（28）横撇钩：横画完成后，再提笔换锋往下偏左行笔钩出。

下面是欧阳询的《九成宫醴泉铭》与褚遂良的《雁塔圣教序》基本笔画写法比较：

（1）点的写法。点分为侧点、挑点、竖点、垂点和撇点五种。

侧点：欧字的点是顺锋向下行笔，稍顿转锋向左上，提笔回锋收笔；褚字的点直下起笔铺毫，再提笔回锋收笔，顿笔比欧体轻，收笔略快，显得轻松。

挑点：欧字先藏锋起笔，向右下略顿再转锋向右上挑出，写得应比褚字凝重；褚字的挑点落笔轻，落笔后略按，提笔后向右上方挑出，速度比欧体略快，应写得比欧体轻松。

竖点：欧字的竖点藏锋逆入向右顿笔，转锋向下回锋收笔；褚字的竖点是尖锋入纸，重按笔后迅速收笔，出锋较尖，这是与欧字有区别的。

垂点：欧字顺着笔锋下行，转锋向左上，提笔处转锋向右上，提笔处圆中带方，有方劲感；褚字的垂点与欧字的垂点有相同处，褚字写得轻松活泼一点，落笔快，收笔也快，有的垂点还带有曲弧。当然还有些垂点，褚字用了短撇，这在欧字中是没有的。

撇点：欧字的撇点为逆入向右下略顿后，再向左下提笔出锋；褚字的撇点"劳""舞""寂""帝""空"字中的垂点都采用了撇点的写法。

(2) 横的写法。欧字是逆锋起笔，直下或斜下，原地笔锋提起，引笔锋向右行，由顿到提，由提到顿，再顿笔挫下，然后向左回锋收笔；与褚字的区别，褚字细挺，欧字厚重，褚字的横画逆锋起笔，然后向下轻，原地提笔要快，笔锋在纸面不像欧字接触面大，因此要写得细挺，回锋收笔略顿，应写得细挺有力并饱满，富有弹性。

横分为凹横、左重横右重横（短横）两种。

凹横：欧字的凹横露锋起笔，中锋右行，锋毫朝下，上凹下弯；褚字的凹横用笔方法同欧，但提按程度有别，欧体略重，褚体略轻。

褚遂良《雁塔圣教序》（局部）

左重横右重横（短横）：欧字的左重横起笔藏锋逆入而重，行笔渐提出锋，右重横起笔露锋顺入而轻，行笔渐重，回锋收笔；褚字的短横起笔有尖、圆、方三类，顺锋入纸末端，不作回锋状，自然随意，短横一般为次笔，收笔不可过于强调，不能喧宾夺主，影响主笔。

(3) 竖的写法。欧体的竖逆锋向上，落笔后在原地提起向下行笔，由按到提，由提到按，至尽头处，回锋向上收笔。竖分为垂露和悬针。垂露指回锋向上收笔，像露珠下垂状；悬针指收笔时提笔露锋，似针悬空中。此竖看上去没有褚字挺拔,但内含千钧之力,仅是笔力表现形式不同。

短曲竖、腰细竖:欧体的短曲竖顺入起笔,向右下行,不要太快,逐渐提笔;腰细竖起笔,收笔同垂露竖,只是中锋行笔略轻提变细。

短竖:褚字的短竖,起笔可分两种:一为顺入顿收,一为重按轻出,变化多端,切忌死搬硬套。短竖一般为次笔,其收笔往往草率,不像欧字那样强调。

左弧竖、右弧竖:欧字左弧竖与右弧竖是藏锋逆入,行笔中根据字的结构需要可向左或右稍微弧弯,使竖画具有向背之势;褚字的左弧竖与右弧竖多数向左稍微弧弯,具有相向之势,而欧体的左弧竖与褚体恰恰相反,但有些字具有向背之势。

(4)撇的写法。欧体的撇用笔,逆锋先左上折,顿笔后,回转笔锋向左下方撇出,到尽头处,回锋收笔;褚字的撇汲取了汉代隶书笔画的长处,多用逆势起笔,重按轻提出锋,这种写法在欧体中是没有的。当然,褚字的撇与欧体的撇也有相同的地方,不过褚字写得比欧字轻松潇洒一些。

撇分为兰叶撇(弧撇)、平撇与短撇、回锋撇、直撇四种。

兰叶撇:欧字的兰叶撇是顺着上一笔尖锋入纸,下行至撇中段略用力,顺弧势渐提出锋,形如兰叶;褚字的兰叶撇用笔方法同欧,但写得比较轻松、细挺,出锋要快。

平撇、短撇:欧字的平撇逆锋向左上,折锋向右稍顿按,再向左撇出,平而有力;短撇用笔同平撇,撇的方向往左下,运笔可用侧锋;褚字不像欧字有平撇,它多采用短斜撇,多数是落笔后,马上折锋起笔向左迅速有力撇出,撇画出锋尖厉处,要做到笔笔送到,不可率然直出而成鼠尾病笔,有些字的短撇往往是钝笔收锋。

回锋撇:欧字的回锋撇主要在出锋时驻笔向左上方回

锋呈角状，有隶意；褚字的回锋撇书写速度比欧体快，讲究一个力度。

直撇：欧字的直撇先以中锋入笔，就像写竖画的起笔一样，然后顺势慢慢地向下撇出；褚字的直撇需注意不可收笔过尖或有较明显的偏锋。它的提按、粗细及速度的变化极为丰富。

（5）捺的写法。捺分为斜捺、短捺和反捺、平捺三种。

斜捺：欧体的斜捺是顺势起笔向右下徐行，渐用力顿笔，向右出锋成捺，出锋应有力迅速，做到力到笔尖，不能拖笔而行；褚字的斜捺起笔轻入重按，一波即成，偶作弯曲之态，活泼轻盈，楷中寓行，有回锋轻收与出锋之分。

短捺、反捺：欧字的短捺用笔与斜捺相同，行笔由轻变重，短而有力，反捺要向右，边行边捺，呈弧状后向左上收笔，下端斜平；褚字的短捺与欧字相同，有正反之分，起笔方法与斜捺基本一致，但形态却各不相同，粗细长短亦变化多端。

平捺：欧字的平捺逆锋起笔，呈方头状，再往右平向行笔，顿按有力，捺脚尖圆；褚字的平捺在不同字中有不同的写法，笔画的起收无固定格式，但要注意其形态、轻重以及起伏变化。

（6）折的写法。折分为横折、竖折、横折撇、斜折、撇折五种。

横折：欧字的横折顺锋起笔，渐用力至折处稍驻，调锋下行，折转处内方，最后回锋收笔；褚字的横折，横画起笔轻入，到末端稍提轻顿，再提笔转为中锋，完成竖的写法。此笔与欧体相同，不同处是要写得轻松一些，要提笔轻按。有个别字在转折处采用转锋，显得活泼。

竖折：欧字的竖折先竖，中锋缓行，逐渐暗转向右，不必用力顿按；褚字的竖折在转折处将竖的末尾轻收笔后，立即暗转向横，没有欧字的转折明显，有时是断而再起。

横折撇：欧字的横折撇顺锋向右，转锋折笔向左下，出锋要尖有力（撇较短）；褚字的横折撇基本写法同欧字，但褚字在转折处有时提笔后落笔很轻，不显示折，有时候横画被转笔代替，显得轻松简单，有时撇画是回锋收笔。

斜折：欧字的斜折是由短撇与反捺组成，先斜撇，边行边提，至折处调锋作反捺。褚字斜折的用笔方法与欧字基本相同。

撇折：欧字的撇折是撇和提的组合，侧锋重顿顺势而下，轻提重按，向右上渐提收笔；褚字的撇折轻顿顺势而下，在出锋处接下再轻顿，而顺势提笔向右上方出锋。

褚遂良《雁塔圣教序》（局部）

（7）挑的写法。欧字的挑从左下行笔，折锋向下顿笔，转锋后轻快出锋；褚字的挑运笔时要注意切笔，直下后要有提笔的动作，不然会出现偏锋病笔。同时要笔笔送到，不可一挑即出。

（8）钩的写法。欧字的钩按竖的写法行笔到钩处，原地提起，向左前方用力平推而出，做到力到锋尖；褚字的钩也是按竖的写法至末端时收笔聚锋，轻回，按笔迅速向左挑笔出锋。钩的用笔需稳健、干净、利落。褚字出钩多短促有力，需按笔深，提笔快。

钩分为平钩、斜钩、心钩、竖弯钩四种。

平钩：欧字的平钩略弧至钩处，顺势折锋向左前方钩出，力求重心平稳，钩脚要平；褚字的平钩多数具有隶书的钩法，同时还有些弧度的变化。

斜钩：欧字的斜钩向右下斜直行笔，至末原地提起，向右上方推出，钩脚向上；褚字的斜钩写得轻松随意，不像欧字那样露锋落笔，行笔轻提，速度较快，求一个力度，到底即提笔顺势推出。

心钩：欧字的心钩顺锋落笔，向右下弧弯至钩处稍驻，顺势向左上内钩；褚字的心钩没有欧字平，有一定斜度，笔锋提高，写得细挺，钩也写得略长。

竖弯钩：欧字的竖弯钩先写竖，由顿到提，略带斜势（向左）再转锋向右行，在行笔过程中边行边按至钩处，向右上出钩，不宜拖得太长；褚字的竖弯钩的圆转处需注意，不可呈直角，起笔、行笔多用中锋，也要注意它的形态变化。

2. 字形结构

《雁塔圣教序》给人最强烈的感受在于字体的动态以及似欹还正的结构之美。若以欧字《九成宫醴泉铭》来相比较，更可能看出其字形姿态已跳出初唐楷书的制式结构，在字体的粗细、倾斜度、曲线、正斜的表现上，均没有固定的法则可循，而是随心所欲，成竹在胸的自在取势，有成熟书家的雍容柔美及刚劲的笔力，相信是褚遂良穷其一生之力达成的。

此碑结体紧密，中宫收紧，然而紧而不板、密而不闷。其横、竖画以及撇捺的长舒，向四方散的趋势，显得极为舒展大方。而中宫虽紧结，然由于笔画的瘦硬劲挺，故又显得极为松灵而不板实。再加上每个字重心的或前俯后仰，或上提下移，又增加了动态的美感，犹如舞蹈动作的变异一般显得格外的清俊飘逸。此碑的章法也与其笔画、结字的风格协调一致，它是以学问的疏秀明朗来表现一种仙逸之气的。这种艺术的形式美，恰恰与内容的佛学空灵语融为一体，而相得益彰。

此碑的字体重心及中心都不固定，却飘逸得隐若泰山，如"昔""者""慈""梦""常"字的上左下右排列，上半部和下半部的中心线均非在同一直线上，笔画虽错落，但字的动态却是明显的。《雁塔圣教序》其行笔快慢的变化远大于魏碑、欧、虞等楷书，像褚字中常出现的带笔或搭锋，即是行笔相对较快的情形，而起、收笔的逆锋造势，则需略有驻笔的动作才能完成。因此，临习褚字，运笔的节奏需长时间去磨炼、体会，才能确实掌握，但是只要肯持之以恒地去仔细推敲，定能有意想不到的收获。

下面把该碑的字形结构分十一种方法来进行讲解：

（1）间隔平均法："三""川""形""后""无""训"的横画与横画之间、竖画与竖画之间、点画与点画之间、斜画与斜画之间的间隔大约相等。

（2）向背俯仰法："二""言"的短横，笔势稍微上仰，长横笔势下俯。"性"的左右两竖，笔势相向。"非"的左右两竖，笔势相背。"力"的左右斜画，笔势相背。"物"的左右外围，笔势相向。

（3）外形法：每个字都有不同的外形，如"月""自"是瘦长型，"四""西"是宽扁形，"国""同"是长方形，"田"是正方形，"上"是正三角形，"下"是倒三角形，"天""百"是梯形，"夕"是斜形。

（4）中心法："十"的竖画偏右。"中"中间竖画偏右。"至"的中间竖画位置要在中心线上。"者"下面的"日"字偏右。"常"下面的"巾"字偏右。"玄"的上横长而笔势下俯。"五"的下横长而笔势下俯。"文"字最后两笔的交叉点，要和上面的点画在同一垂直线上。"天"的最后一笔，要在第二、三笔交叉点的左上方下笔。"斯"左高右低。"明"字上面齐平。"细"字下面齐平。

（5）左右关系："邦"字上面齐平，左右同宽。"地"字下面齐平，左窄右宽。"时"字左短右长，左窄右宽。"弘"字左长右短，左右同宽。"往"字左右等长，左宽右窄。"对"字左右等长，左宽右窄。"劫"字左右同宽，左高右低。"瞻"字左边的"目"要往上缩，让长撇伸展。"林"字左小右大，左低右高。"抑"字左右长，中间短，左高右低。"徽"字左右窄，中间宽，"系"字稍大。"凝"字左、中、右三个宽度不同，最后一笔要伸长。

（6）上下关系："宗""宙"的"宀"部要宽，盖住下面的笔画。"金""令"的第一、二笔向左下及右方展开，盖住下面的笔画。"忍""思"的"心"部要偏右。"罪"字上短下长，上宽下窄。"云"字上下均分，上宽下窄。"晨"字上短下长，上窄下宽。"要"字上下均分，上窄下宽。"莫"字上、中、下三部分均分，"曰"字稍大。"灵"字上、中、下三部分不等长，中间要紧密。

（7）变化法："癸""次"的最后一笔，原为捺笔，变为长点。"及""爱"的左撇要斜直，右撇弯而圆。"孤"字右下部分的笔画，简化为三点。"晨"字的中间，两短横之间的短撇，是带笔现象。"幼"的第三笔原为圆点，变为长撇。"德"字"心"的上面省略一横。"坤"字的右下方增加了一点。"拔"字右半部分的"犮"，省写为"文"。"学"字上面中间的"爻"，改写为"与"。"得"字左侧的写法是由"彳"变化而来。

（8）接笔法："口"的下横要超过第二笔的收笔。"日"字第二笔的直画要长过下横。"大"的捺笔，要在第一、二笔交叉点的左上方下笔。"木"字的捺笔，要在撇画直笔的下方下笔。"当"的第三笔，要朝着第四笔起笔的位置撇出。"蠢"字第五笔的起笔，要对着第二、四笔交叉点的左上方，向右下伸展。

（9）渐增法："月""而""阳""仰""无""慈"的横画和横画、竖画和竖画、斜画和斜画、点画和点画之间的间隔渐增渐大。

（10）轻重法："乎""也""人"的最后一笔，笔画最长，是字的重心，要写得粗而有力，其余的笔画要轻。

（11）脉络法："之""分""以"的点画之间的线条虽断，但每一点画之间的笔势仍然相连。

3. 临习注意事项

（1）先粗后细

《雁塔圣教序》是瘦硬通神之作，其纤细的点画既瘦劲飘逸，又浑穆圆润。而难点就在于圆润，要达到此效果，则要求笔力入木三分，点画筋肉齐备，书写流丽洒脱，这不是初学者一上来就能达到的。因此，我们不妨如褚遂良的书法历程一样，经历一个由粗到细的过程，即可先将点画写得粗壮一些，力求中锋行笔，使线条饱满，字形丰润，待有笔力之后再逐渐收敛，使线条细挺、圆浑，以避免纤弱浅薄之弊。

（2）间习汉《礼器碑》

《雁塔圣教序》从笔法到结体，都保留了明显的隶书痕迹，如作品中的部分横、撇、捺等笔画，都有明显的隶书写法。宋苏东坡评褚书"清远肃散，微杂隶体"，现代沈尹默经多年研习褚书后，认为《雁塔圣教序》主要得力于《礼器碑》。因此，适当地参临《礼器碑》，对学好《雁塔圣教序》是有很大帮助的。

（3）书写速度不宜太快

《雁塔圣教序》的书写速度不是很慢，这从字帖上很容易看出，但是对于初学者来说，书写速度却只能由慢入手，原因就在于我们没有褚遂良那样的功力，而褚遂良也是经过了由慢到快的一个过程，才达到这种境界。如果我们没有很强的笔力和对毛笔的控制力，那么写出来的点画就会显得轻佻流俗，从而离褚体越来越远。

除了上述三点，我们在临习时还可参看褚遂良的《大字阴符经》和《倪宽赞》。由于它们是墨迹，从中可以清

褚遂良《雁塔圣教序》(局部)

楚地看到毛笔的运行轨迹，以帮助我们对刻本《雁塔圣教序》在点画用笔、笔势呼应、整体气韵等方面的理解和把握，使得临习达到事半功倍的效果。

主要参考文献

［1］徐无闻：《褚遂良书法试论》，《书法》1983年第6期。

［2］张昕若：《褚遂良在唐代书法中的地位》，《书法》1983年第6期。

［3］席云鹏：《〈大字阴符经〉临习浅谈》，《书法》1983年第6期。

［4］朱关田：《欧阳询、虞世南、褚遂良年谱》，《书法研究》1998年第5、6期。

［5］白鹤：《唐代书法的开山鼻祖——褚遂良》，《上海大学学报》（社会科学版）2004年第3期。

［6］〔唐〕魏徵撰：《隋书》，中华书局，1973年。

［7］〔后晋〕刘昫等撰：《旧唐书》，中华书局，1975年。

［8］〔宋〕欧阳修、宋祁撰：《新唐书》，中华书局，1975年。

［9］〔宋〕王溥：《唐会要》，商务印书馆，1935年。

［10］〔宋〕司马光撰：《资治通鉴》，中华书局，1956年。

［11］［英］崔瑞德编：《剑桥中国隋唐史》，中国社会科学出版社，1996年。

［12］〔清〕彭定求、曹寅辑：《全唐诗》，中华书局，1960年。

［13］〔唐〕刘悚《隋唐嘉话》〔唐〕张鷟撰：袁宪校注《朝野佥载》，三秦出版社，2004年。

［14］朱关田主编：《中国书法全集·褚遂良》，荣宝斋出版社，1999年。

［15］乙庄著：《中国书法家全集·褚遂良》，河北教育出版社，2005年。

［16］上海书画出版社编：《唐楷练习》（一），上海书画出版社，2004年。

［17］方尧明编著：《褚遂良〈倪宽赞〉临写法》，上海书店出版社，1999年。

［18］《历代碑帖法书选》编辑组：《唐褚遂良书〈孟法师碑〉》，文物出版社，2000年。

［19］陈身道书：《褚遂良〈雁塔圣教序〉通临》，上海书画出版社，2004年。

［20］张清河、秦海杰编：《〈雁塔圣教序〉入门》，西泠印社出版社，2004年。

［21］［日］二玄社·佘雪曼编，蒋京容译：《雁塔圣教序》，湖南美术出版社，2004年。